生活心理学への誘い

赤木 忠厚 監修
山陽学園大学総合人間学部生活心理学科 編

大学教育出版

『生活心理学への誘い』の出版にあたって

　山陽学園大学では平成21年に山陽学園大学コミュニケーション学部コミュニケーション学科心理学コースと山陽学園短期大学キャリアデザイン学科を統合して生活心理学科を新設しました。心理学と衣・食・住を中心とした生活科学を別々に学ぶのではなく、生活やビジネスの場面で心理学の知識を応用することができる人材を育成することをめざした学科です。

　しかし、高等学校の生徒さんや先生からの受け止め方は、「生活心理学」は心理学の一部門であるというのがほとんどでした。しかも、「生活心理学」という学問領域は既存の心理学の中に独立しては存在しませんので、山陽学園大学で行っている「生活心理学」の学問内容について理解を得ることが非常に困難でした。

　「生活心理学」は心理学の側面からだけみれば「応用心理学」の一部門になるかと思いますが、私たちは「生活心理学」は心理学そのものではなく、生活科学と心理学を融合した新たな学問領域だと考えています。したがって、生活心理学科の主たる教育目標は、いろいろな基礎的、理論的、実験心理学研究の成果を生活、社会、ビジネスの場面に活用・応用し、こころ豊かな生活を創造することのできる人材を育成することです。平成25年度からは「生活科学コース」と「心理学コース」の2コース制をとり、生活科学と心理学のいずれかひとつをより深く学ぶようになっていますが、学科の理念はあくまでも「生活科学と心理学の融合」による新しい領域の創造です。心理学を学問としての心理学に終わらせるのではなく、生活の場で役立つ心理学として生活科学に心理学の視点を導入することを目指しています。両コースの共通授業科目を数多く用意していますし、学生には可能な限り他コースの授業を履修するよう勧めています。

　本書は「生活心理学」への理解を深めていただくことを目的に、生活心理学科教員が学科で行っている授業の一端を紹介したものです。一部、「生活心理学」と直接的には関係のない授業も含まれていますが、生活心理学科で実際に行われている授業ということで紹介しています。本書を通読していただければ「生活心理学」についてのおおよそのイメージはつかめるのではないかと思いますし、「生活心理学」は面白い、学んでみようかという方が現れることを期待しています。

　わたしは平成25年3月末で山陽学園大学を退職しましたが、生活心理学科新設を主導した者として「生活心理学」を世間に認知していただく責任を感じています。本書の監修を引き受けさせていただきましたが、本書が「生活心理学」の認知・理解に少しでも役立つことを祈念しています。

平成25年7月9日

　　　　　　　　　　　　　　　　　　　　　　　　　　　山陽学園大学前学長　　赤木　忠厚

はじめに

　本書は、山陽学園大学総合人間学部生活心理学科の新入生に、これから4年間で、自分たちがどんなことを学んでいくのかを理解してもらうために、学科教員によって可能な限りわかりやすく執筆された生活心理学の入門テキストです。生活心理学科では「こころ豊かな生活の創造」を目標として掲げており、私たちが日頃何に気を留め、何を考え、そして行動していかなければならないのかを、個々の教員が自分の専門分野からアプローチしています。ですから、新入生だけでなく、生活心理学に興味のある高校生、もしくは、書店で初めて本書を目にした一般の方々にも読みやすくなっています。皆さんに生活心理学ワールドの一端に触れていただければ幸いです。

　さて、生活心理学科は、平成21年度の改組・転換により、それまでの山陽学園大学コミュニケーション学部心理学コースと山陽学園短期大学キャリアデザイン学科が統合し誕生しました。設置当初、心理学の知見を生活場面に応用していくことを学科の目標としましたが、平成25年度より、「こころ豊かな生活の創造」を新たな学科目標に設定しました。それに伴い、「生活科学コース」と「心理学コース」の2コース制を導入し、それぞれの専門的な視点で生活事象の中よりさまざまな問題を発見し、学究を行います。また、多面的な視点を養うために、所属したコース以外の（例えば、生活科学コースに所属した場合、心理学コースの）開設講義を受けることを推奨しています。広い視野を身につけることは、現代の生活設計をする上で、問題発見能力や解決能力の向上につながります。

　新入生は本書を読むことで、学習内容のイメージをクリアにして、履修申請や進路選択に役立てて欲しいと思います。また、年次が進んだ際に、さまざまな講義で学んだ内容が、どう関連しあっているのかを確認するために読み返すのもよいでしょう。

　生活心理学科の学びの範囲は非常に広いため、いきなり大海に放り込まれたように感じる人もいるでしょう。そこで、みなさんの現在の気持ちから、読んでほしいお勧めの稿を、次頁で紹介します。まず、関心のある分野から読み始め、次に、ほかの分野も、どんどん読み進めていただきたいと思います。

平成25年7月

山陽学園大学総合人間学部生活心理学科長　隈元美貴子

あなたの気持ち		おすすめの文章
衣食住の生活環境に興味がある。	→	77 隈元美貴子（被服） 68 藤井久美子（食） 100 澁谷　俊彦（住居）
人の心に興味がある。	→	45 松浦　美晴（感情心理） 7 石原みちる（臨床心理） 31 髙橋　功（認知心理） 89 上地　玲子（アサーション）
ビジネスに興味がある。	→	56 末廣　健一（プレゼンテーション） 21 神戸　康弘（ビジネス）
カウンセリングに興味がある。	→	7 石原みちる（臨床心理） 89 上地　玲子（アサーション）

目　次

『生活心理学への誘い』の出版にあたって ………………………………… 1
はじめに ……………………………………………………………………… 3

「ストレスが…」と口にすることが多いあなたへ
こころとストレス
― ストレスとうまく付き合っていますか？ ― …………… 石原みちる ………… 7

ヒット商品の秘密を知りたい
こころとビジネス ……………………………………………… 神戸　康弘 ………… 21

こだわり派のあなたに ― 道具編 ―
こころと道具 …………………………………………………… 髙橋　　功 ………… 31

ドラマや映画を見ている時、あなたはどんな気持ちですか？
映像コンテンツと作る人、観る人のこころ ………………… 松浦　美晴 ………… 45

プレゼンの極意伝承
人の心をつかむプレゼンテーションについて ……………… 末廣　健一 ………… 56

カロリーを知り己を知れば百食危うからず
カロリーが気になる!? ………………………………………… 藤井久美子 ………… 68

原始人からガガ様まで
あなたはファッションに何を求めますか …………………… 隈元美貴子 ………… 77

ともだち100人できるかな
「楽しく会話できる人」になるために ……………………… 上地　玲子 ………… 89

あなたの街は大丈夫？ ― 防災マップで安全・安心 ―
こころと環境
― 室内環境から町のイメージ・都市景観まで ― …………… 澁谷　俊彦 ………… 100

「ストレスが…」と口にすることが多いあなたへ

こころとストレス
―― ストレスとうまく付き合っていますか？ ――

石原みちる

　みなさんは、保健体育の授業でストレスについて勉強したことがありますか。この章では、ストレスの仕組みや付き合い方についてお話しします。これらは、筆者が大学の講義や演習、高校生向けの模擬授業で話している内容（ストレスマネジメントと呼ばれるもの）です。その時の、学生・生徒のみなさんとのやり取りを織り込んで紹介していきますので、みなさんも授業に参加しているつもりで読んでください。

　では、どうしてストレスについて学ぶのでしょうか。"ストレス"という言葉を聞いたことがない人はほとんどいないと思います。小学生でも"あ〜、ストレスがたまる〜"などと言っていたりします。私たちの毎日の生活はストレスと切り離すことができません。けれども、ストレスとは何なのか、どういう仕組みかを考えもしないで、ただ"ストレスは嫌だ"とだけ思っている人はありませんか。ストレスの仕組みを知り、うまく付き合う工夫を重ねていくと、毎日の生活を前向きに送れるようになるのではないでしょうか。あなた自身が主役になって、あなたに合った人生、周りの人とも気持ちよく過ごせる社会を作っていけるのではないでしょうか。

※章末にさらに知りたい人のための本を紹介しています。ストレスについて学んだことを"自分のために生かす""友達、家族、同僚のために生かす"さらに、広く、深く勉強して"心理専門職として仕事にする"…あなたならどうしたいですか。そんなことも考えてみてください。

1. ストレスって何？

　私たちは"ストレス"[1]という言葉を普段から使っていますが、その意味や使い方はかなり曖昧です。"勉強がストレスだ"という時は、"ストレスを起こしている原因"のことを"ストレス"と呼んでいますし、"勉強でストレスがたまった"という時は、"原因が起こした結果"のことを"ストレス"と呼んでいますね。

　心理学のストレス研究では"ストレスとは何か"（定義）について、多くの研究者が議論をしてきましたが、その議論に誰もが納得するような決着がついているわけではありません（クーパー C.L. & デュー P. 2006）。

　ここでは"ストレス"を次のように捉えて話を進めましょう。"ストレス"とは、"その人が負担や危険だと感じる出来事（環境）と、それに対して心と身体に起きる反応、そして何とかしようとする努力（対処）の全体的な流れ"と考えてください[2]。

　つまり、ストレスは①その人がプレッシャーと感じるような出来事、②それによって心と身体がどうなるか、③さらにそれに対応しようとしてど

うするのかの３つの面から考える必要があるものです。

2. ストレスの仕組み

では、ストレスの仕組みを流れで理解していきましょう（図１、図２）[3]。

まず、人差し指を１本出してみてください。その指で自分のほっぺたを軽く押してみましょう。凹みましたか。凹んでいますね。

今、押している人差し指が"外からの刺激""何らかの出来事"つまり"ストレスの原因"です。これを"ストレッサー"と呼びます。

そのストレッサーによって、凹んでいる状態が"影響を受けている状態"つまり"ストレス反応"です。

何らかの刺激（人差し指）によって影響を受けて（凹んで）いる、これが、ストレッサーとストレス反応の関係です。

ところで、指を離すとほっぺたは元に戻りましたね。健康な状態だと、ストレッサーが無くなると反応は無くなります。でも、もし強いストレッサーを長い間受け続けたら、すぐには戻らないことになるでしょう。さて、今、ほっぺたを押してみて、"凹んだ私は変だ"と思った人はありませんね。ストレッサー、つまり刺激を受けて反応が起きること自体は、当たり前のことです。失恋して（ストレッサー）、何もする気が起きない（ストレス反応）のは、自然な反応と言えるわけです。

"ストレッサー"という原因とそれに対する"ストレス反応"という流れが、分かりましたね。

では、例えばラジオから演歌が流れてきたとします。あなたは、"うるさい"と感じますか、"お〜、いい感じ"と楽しく感じますか。あるいは、来週からテストだという時、どれくらいプレッシャーを感じますか。

図１　ストレスの仕組み[4]

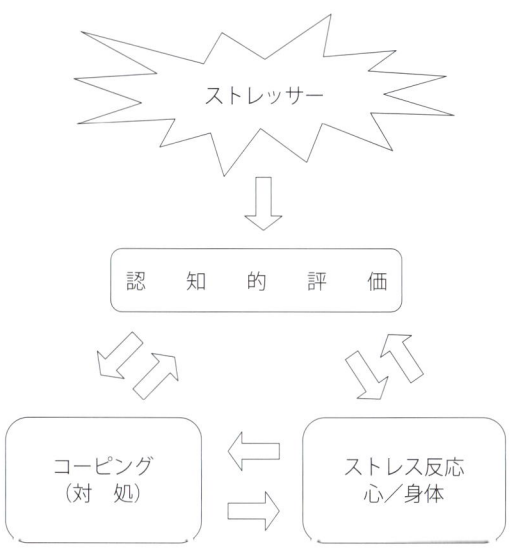

図2　ラザルスとフォルクマンのトランス・アクショナルモデル
出典：Lazarus, R.S. & Folkman, S.(1984)を図式化

こうした"感じ方""受け取り方"は、人によって、また同じ人でも時と場合によって違っています。同じ"来週からテスト"という"ストレッサー（原因）"も"最悪だ"と感じる人、"何とかなる"と感じる人があるわけです。これらの"感じ方""受け取り方"のことを"評価（認知的評価）"と呼びます。"ストレッサー"への"評価"によって、当然"ストレス反応"も違ってきます。

では、"来週からテスト"で"最悪だ"と思ったとしたら、あなたはどう行動しますか。"出していない課題を並べて焦る""今からできそうな計画を立てる""まずは体力が必要だからと休憩する""分からない問題を友達に聞く"…何かしらの行動をするでしょう。ストレスを感じた後どう行動するか、つまり、何とかするための努力のことを"ストレスコーピング（対処）"と呼んでいます。あなたがどのような対処をするかで、"さらに焦って頭痛"になるのか、"やる気が出る"のか、その後のストレス反応も違ってきます。

ストレスの仕組みが大まかに分かりましたか[5]。次に一つひとつを詳しく見ていきましょう。

3. ストレッサー

ストレスの原因が"ストレッサー"でしたね。みなさんのストレスの原因はどんなことでしょうか。高校生なら、"勉強しようと思っているのに'勉強しろ'と言われた""友達とケンカした""部活で試合がある""勉強が難しい""家族と気持ちがすれ違う""失恋"…他にもたくさん浮かんでくるでしょうか。大学生に尋ねると、"アルバイト"や"お金"のこともよく出てきます。

ホームズとラー（Holmes, T.H. & Rahe, R.H. 1967）は、"離婚"や"転職"など人生の大きな出来事がストレッサーとなり、病気になる確率を高くしていると研究しました。これまでの生活パターンが変わるような出来事（ライフイベント）があると、新しい生活に適応しなくてはなりません。生活を調整するにはエネルギーが必要で、ライフイベントが重なって使うエネルギーが限度を超えると、病気になる確率も高くなると考えられました。表1は、さまざまなライフイベントがどの程度生活の変化をおこすのかを"生活変化指数（life change units）"で表したものです。最も強いストレッサーを"配偶者の死"として、その指数を100としています。

表をよく見ると"結婚"や"入学"も挙げられていますね。おめでたいことや楽しいことも、生活が変わってそれに対応しなくてはならないという意味では、ストレッサーになるというわけです[6]。

では、生活に大きな変化がなければ健康に影響するようストレッサーはないのでしょうか。"友達に裏切られた""人に利用された"[7]といった、日常生活でよく経験する出来事も重なれば健康を害することになります。ラザルスらは、そうした日常生活の"厄介な出来事（ハッスル hassles）"

表1　ホームズとラーのライフイベント

	ライフイベント	生活変化指数		ライフイベント	生活変化指数
1	配偶者の死	100	23	息子や娘が家を離れる	29
2	離婚	73	24	姻戚とのトラブル	29
3	夫婦別居生活	65	25	個人的な輝かしい成功	28
4	拘留	63	26	妻の就職や転職	26
5	肉親の死	63	27	入学・卒業	26
6	個人のけがや病気	53	28	生活条件の変化	25
7	結婚	50	29	個人的習慣の修正	24
8	解雇	47	30	上司とのトラブル	23
9	夫婦の和解・調停	45	31	労働条件の変化	20
10	退職	45	32	住居の変更	20
11	家族の健康上の大きな変化	44	33	学校を変わる	20
12	妊娠	40	34	レクリエーションの変化	19
13	性的な問題	39	35	教会活動の変化	19
14	新たな家族構成員の増加	39	36	社会活動の変化	18
15	仕事の再調整	39	37	10,000ドル以下の抵当（借金）	17
16	経済状況の大きな変化	38	38	睡眠習慣の変化	16
17	親友の死	37	39	団らんする家族の数の変化	15
18	転職	36	40	食習慣の変化	15
19	配偶者との口論の増加	35	41	休暇	13
20	10,000ドル以上の抵当（借金）	31	42	クリスマス	12
21	担保、貸付金の損失	30	43	些細な違法行為	11
22	仕事上の責任の変化	29			

出典：Holmes, T.H. & Rahe, R.H. 1967

の方が健康に強く影響していることを研究しています。

4. 評価

ストレッサーをどのように感じ、受け止めるのかを"評価"というのでしたね。

もし最悪のストレスを100点とすれば、あなたにとって"来週からテスト"というストレッサーは何点くらいですか。次の図3で点線上に○を付けてみてください。この点数は誰もが同じでしょうか。違いますね。その人が、そのスト

レッサーをどのように評価するかは、人によって違ってきます（図4）。そして、その人がどのように評価したからと言って"間違っている"とか"おかしい"、あるいは"良い"とか"悪い"わけではありません。むしろ、"自分がどう評価しているのか"を率直に知る方が話を前向きに進めることができます。

"テスト"がどれくらいの強さのストレッサーになるのか、何がそれを決めているのかをもう少し詳しく考えてみましょう。

まず、あなたは"テスト"をどれくらい重要と考えていますか。"いい成績をとらないと自分の

● 「来週からテストだ」（ストレッサー）を、あなたはどう受け止めている？　○を付けてみよう！
　"最悪だ"　　　　　　　　　　　　　　　　　　　　　　　　　　　　　　　　　"何とかなるさ"
　　100 ………………………………………… 50 ………………………………………… 0

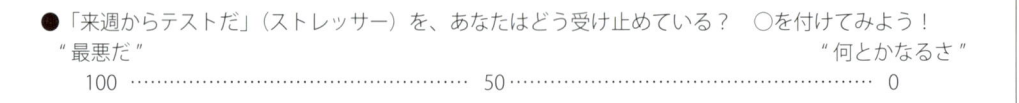

図3　ストレスの評価を考えるワークシート

図4　ストレスの受け止め方（評価）

価値がない"とか、"ここで単位を落としたら大変だ"と考える人にとっては、テストは重大な出来事ですね。するとテストは、"悪かったら大変だ"という恐ろしい、脅威的な刺激になります。一方"自分には成績よりはスタイルの良さが大事""芸人になりたいから成績は別に気にしない"と考える人にとっては、テスト自体が重大な出来事ではなく、恐ろしいと感じることも少ないでしょう。このように、出来事を脅威に感じれば感じるほど、その出来事が強いストレッサーになるわけです。こうした評価を"一次的評価"と呼びます[8]。

もう1つ、ストレッサーの評価に関係しているのは、あなたがそのストレッサーに対してどのように対処できると考えているかです。"テスト"に対して"何からすればよいのかわからない"と考えますか。"ここは○○に教えてもらおう""土日にこれとこれをしよう"など、自分ができることを思い描くことができますか。また思い描いたことができそうだと思えますか。何とか切り抜けるための方法を考え、それができる見通しがあると、ストレッサーに対する評価は和らぎます。これは"二次的評価"とよばれるプロセスです。

5. ストレス反応

ストレスの原因とその評価について述べてきましたが、"ストレスがたまる"とあなたはどうなりますか。ここでは、ストレッサーをストレスだと評価した後に起きる"ストレス反応"について述べていきます。

2. でストレスの仕組みについて述べた時に、ストレス反応はストレッサーという刺激に対して起きる"自然な反応"であると説明しました。ほっぺたを押して凹むのは人間の自然な反応、ストレッサーに出合って何かしら反応が起きるのも自然なことです。そう考えてストレス反応をみていきましょう。

さあ、あなたのストレス反応はどんなものがあるでしょうか。"イライラする""やる気が無くなる""落ち込む""頭が痛くなる""おなかが痛くな

図5　ストレス反応のグループ

る""肩が凝る"…。ストレスが長く続くと"自信が無くなる""いつも元気が出ない"ということもあるかも知れません。

まず、ストレス反応を大きく2つに分けてみましょう。ストレス反応はおおまかに、心の反応（精神的反応）と身体の反応（身体的反応）に分けて考えることができます（図5）。

(1) 心の反応（精神的反応）

表2に示したのは、HSCL（Hopkins Symptom Checklist）のストレスチェックリストの項目の一部です（Nakano, K. & Kitamura, T. 2001）。そこにある心の反応（精神的反応）をみていきましょう。

表2　HSCLによるストレス反応の例

心	不安	気持ちが落ち着かず不安定である ちょっとしたことにもびくびくする 緊張し神経過敏になる
	抑うつ	憂うつである 将来に希望が持てない いろいろなことに興味がなくなった
	対人関係過敏	すぐにイライラし不快に感じる 怒りの爆発をコントロールできない 他人に対して批判的である
	強迫症状	物事に集中できない 興奮すると話がうまくできない いろいろな可能性を考えて、なかなか決断ができない
身体	心身症状	頭が重く、痛い 胸や心臓に痛みを感じる よく便秘をする

出典：日本語版HSCL（Hopkins Symptom Checklist）
　　　（Nakano, K. & Kitamura, T. 2001）より項目を抜粋

"不安"はどうでしょうか。例えば、入学などで新しい生活が始まる時に、わからないことがたくさんあると不安になるでしょう。一つひとつのことが心配で、落ち着かなかったり、イライラしたりすることになるでしょう。具体的ではっきりした何かを恐れるのではなく、漠然としたよくわからないものを心配しているのが不安です。

また、抑うつと呼ばれる気分の落ち込みも精神的反応の一つです。大きな失敗をしたり大切な人や物を失ったりした時、人は落胆し、憂うつな気分になります。希望が感じられなくなり、何も手につかないし、興味が湧いてこないこともあるでしょう。

"対人関係過敏"のところを見てみましょう。人との関係に現れやすい精神的反応としては、対人関係がうまくとれない、劣等感や怒りを感じることなどがあります。学校で思い通りにいかなかった、一所懸命がんばったのに認められなかったことから、自分が劣っていると感じたり、怒りが湧いてきたりすることがあるでしょう。人とのコミュニケーションがうまくいかず、それがさらにストレスの原因となってしまうこともあります。

精神的なストレス反応は、気持ちの面だけでなく、考える時や判断する時にも現れてきます。"強迫症状"のところを見てみましょう。集中できないとか、妙な判断をしてしまう、大事な情報を見逃したり誤解したりするなどもストレス反応の一つです。入学試験のプレッシャーから乗るバスを間違えたとか、緊張して名前を書き忘れたという話はその例です。

(2) 身体の反応（身体的反応）

身体の反応はどうでしょうか。ゴキブリが怖い人は、自分の部屋にゴキブリが出た時、身体はどうなりますか。"キャーッ"と叫んで身体を縮めませんか。心臓がドキドキするのではないでしょうか。

人間も動物も、身の危険を感じるようなストレッサーに出合うと、体温や血圧が上がり、脈や呼吸が速くなり、神経が敏感になって、身構えます。これは、外敵から身を守り、抵抗力を高めるために役立つ反応です（野村 1994）。ゴキブリの出現なら、それほど長い間恐怖に曝されるわけではありませんが、もし、あまりに強いストレッサーに出合ったり、長い間ストレッサーを受け続けたりすると、身体は疲れきってしまい、力尽きてしまいます。そして身体的に病的な状態となってしまうのです。それは、初めは病気と診断されるほどではない、肩こりや頭痛、疲労感などとして現れますが、不調が続くとやがて高血圧、心臓病、潰瘍などの身体疾患になることもあります（野村）。

こうした心身のストレス反応が多くある状態を、日常生活では"ストレスがたまっている"と表現しています。しかし、"たまっていない人は良い""たまっている人は悪い"のではなく、大切なのは自分の状態を知っていることです。ちょっとしたストレス反応を"大変だ、大変だ"と心配する必要はないですし、逆に、とてもたくさんのストレス反応があるのに"私は大丈夫"と決めつけていると、対策をとるのが遅れてしまいます。

"どうかな"と思った時には、自分の状態を客観的に見ることも大切ではないでしょうか。例えば、本学では年度初めに、学生相談室でストレスチェックを受けることができるようにしています。自分の状態を自分で知ることが、自分で自分のストレスを管理するための第一歩です。

6．ストレスコーピング

では、ストレスだと感じた時、またストレス反応が出てきた時に、どのようにやり過ごしたり、切り抜けたりしていけばよいのでしょうか。

何とかしようと努力することをコーピングといいましたね。あなたは、どのようなコーピングをしていますか。"友達とケンカをした"というストレッサーならどうでしょうか。"家で愚痴を言う""寝て忘れる""カラオケで発散""ブログに書きまくる""仲直りの方法を考える""別の友達に意見を聞いてみる"…。

ストレス反応がたくさん出ている時はどうでしょうか。"話を聞いてもらう""ゆっくりお風呂に入る""大声で叫ぶ""好きな音楽を聴く""趣味に没頭する""軽く運動する"、まだまだありますね。"ゲームをする""考えないようにする""食べる""買い物""八つ当たり"という人もあるでしょうか。

みなさんは、特に学校で習ったわけではなくても、"何とかやり過ごす"努力をこれまでいろいろとしてきていると思います。筆者の講義・演習でも、このコーピングのところでは本当にいろいろなやり方が出てくるので、いつも感心させられます。

さて、たくさん出てきたコーピングを少し整理してみましょう。まず、"好きな音楽を聴く""お風呂に入る""考えないようにする"などを1つのグループとします。これは、気持ちを楽にする対処方法のグループです。日常で"ストレス発散"と言われるものは、このグループに入ります。これらは"情動焦点型"のコーピングと呼ばれています（ラザルス・フォルクマン）。

もう1つのグループは、友達とケンカをして"仲直りの方法を考える""別の友達に意見を聞いてみる"など、問題に目を向けるコーピングです。このグループは"問題焦点型"のコーピングと呼ばれています。暑いと感じたら、窓を開ける、クーラーを入れる、これも"問題焦点型"コーピングです（図6）。

テストをストレッサーに感じた時に、"勉強す

```
                    コーピングの方法
 【問題焦点型】              【情動焦点型】
  解決方法を考える            愚痴を言う        軽い運動をする
  準備をする               ぼーっとする       遊ぶ
  練習する                考えないようにする    眠る
  考えを変える              お風呂に入る       ブログに書く
  情報を集める              友達とおしゃべりする
  専門家に相談する            趣味（音楽を聴く、絵をかく他）……
  状況を考える
  友達や家族に相談する          ※やりすぎ注意！
  問題の相手と話し合う……          食べ過ぎ　飲み過ぎ　高額の買い物

                         ※やってはいけない！
                           自分や他人を傷つける　薬物依存
```

図6　ストレスコーピングのグループ

る"のが"問題焦点型"対処、"お風呂でリラックスする""くよくよ考えない"のは"情動焦点型"対処になります。

さて、"問題焦点型対処"と"情動焦点型対処"はどちらが良いのでしょうか。これは、どちらが良いというものではありません。テストだからと言って"くよくよ考えない"ことも大事ですが、それだけで勉強しないでいることは、自分にとってどうでしょうか。また、つらい気持ちを我慢して仲直りの方法を考えても、よい考えは浮かばないかもしれません。そんな時は、"ゆっくり眠って""愚痴を聞いてもらって"気持ちに余裕ができてから、さてどうしようかと考えるのが良いでしょう。つまり、うまくバランスをとって乗り切ることが大切です（図7）。

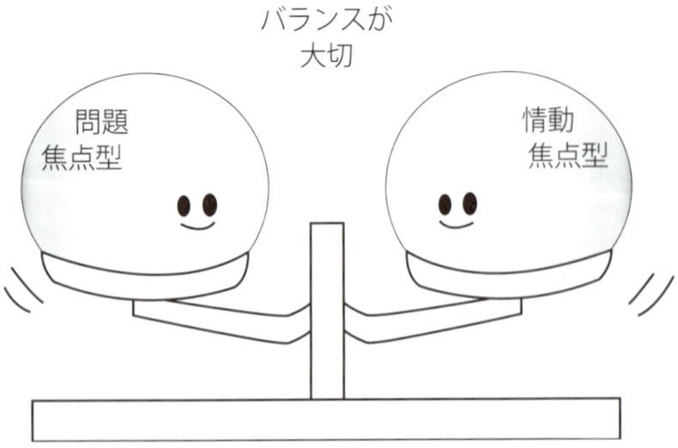

図7　ストレスコーピング

また、自分がこれまでしてきた方法のほかにも、対処法はたくさんあるのだと、知っていることも大事でしょう。今までの方法でうまくいかず困った時は、新しい方法を身に付けるチャンスです。

これまでの筆者の演習などでも、中学生より高校生、高校生より大学生、そして人生経験豊富な年輩の方になればなるほど、対処方法の幅が広くなっていくのを感じています。

さて、ストレスの仕組みやストレッサー、ストレス反応はよくわかったけれど、"このイライラを何とかする方法を知りたい！"と思いますか。

ここからコーピングの方法をいくつか紹介しましょう。ただし、こうした方法は"あなたのコーピングは悪いから変えなさい"とか、"みんな正しいコーピングをしましょう"というものではありません。

例えばあなた自身が、"結局いつも似たようなことになってちっとも解決しない"と困っていたり、"八つ当たりをしてスッキリしたようでも結局それで気まずくなる"と思っていたりして、"どうにかできないかな"と思っている時に役立つものだと思ってください。どのような方法をとるか、選ぶのはあなた自身です。

(1) リラクゼーション

　ストレス反応には頭痛、肩こりなど身体的反応がありましたね。いくら悩んだり考えたりしても、頭痛で頭がうまく働かなければよい考えは浮かばないでしょう。また、身体に力が入りすぎていると、焦りはしてもなかなか動けない、眠っても回復しないということがあるでしょう。気持ちよく眠れなければ、せっかくがんばって勉強した成果をテスト中に十分発揮できないかもしれません。

　自分の持っている力を発揮するために、身体をほぐす方法（リラクゼーション）があります。

　では、少し体を動かしてみましょう。両手を組んで前に出し、左右にゆっくり回してみましょう。つぎは、上に伸ばし、ゆっくりと左右に動かします。ゆっくり力を抜きましょう。身体の感じはどうですか。

　図8にあるように、肩を高くあげてみましょう。10～20秒くらい頑張って高くあげます。さあ、すとんと力を抜いて。もう一度、高くあげて、今度はゆっくりと力を抜きましょう。ゆっくり息をして、さあ、身体はどんな感じですか（山中・冨永、2000）。

> はい、肩を高くあげて、スポーツがんばってます、勉強がんばってます（10～20秒）。はい、ストンと力をぬいて。

【肩をぐーっとあげて】　【ストンと力をぬく】
図8　リラクゼーションの例
出典：冨永他（2011）より抜粋

　無駄な力を抜くためには、いったん力を入れてみて、それから緩めるとうまく力が抜けます。他にも力が入って固くなっているところはありませんか。寝る前に布団の中で全身に力を入れ、フワーッと力を抜いてみる方法もあります。

　リラクゼーションは、初めからは1人でうまくできないかもしれません。でも、大学生なら学生相談室、中・高校生なら保健室の先生やスクールカウンセラーに一緒にしてもらうと、やがて自分1人でもできるようになります。

　なかには、とても痛いとか怖いなど抵抗を感じたりする人もあります。自分が安心できる場、安心できる人と、自分のペースで緩めるようにしてください。自分の身体が感じていることに耳を傾け、決して無理をしないことです。

(2) ストレッサーの整理

　ストレス反応がたくさん出ている人は、きっとたくさんのストレッサーがあることでしょう。それを整理してみる方法を試してみませんか。

　筆者の演習では、付箋紙を用意して、ストレスの原因が何かを書き出すということから始めます。"勉強のこと"といった書き方でもよいですが、"○○の課題が難しい"など、できるだけ具体的に書いていきます。

　つぎに、少し大きめの紙に"大""中""小"と書き、書き出したストレッサーを張り付けていきます（図9）。張り付けたら眺めてみて、できれば、信頼できる人と話をしてみましょう。

　自分をイライラさせているものが何か、自分の中だけで抱えているよりも、いったん自分の外に出してみると少し抱えやすくなります。

　また、どうしようもない、どうしても避けられないストレッサーもありますが、一番の大きな原因を解決しようとするより、何とかなりそうなものから取り掛かるのが得策です。

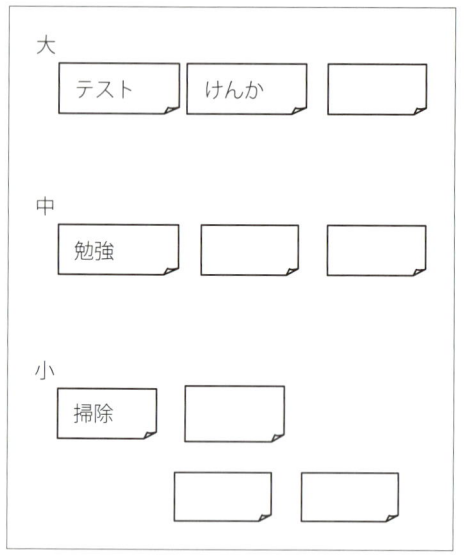

図9　ストレッサーの整理

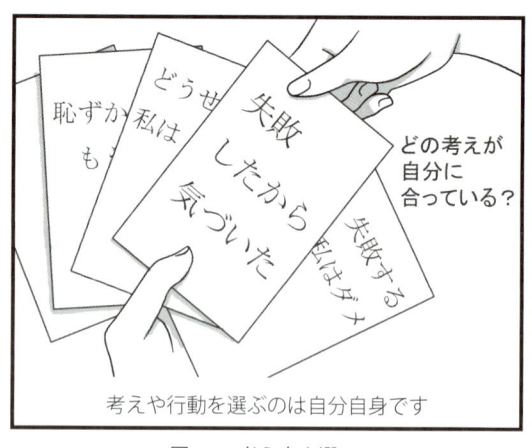

図10　考え方を選ぶ

あるいは、自分にとって何がストレッサーなのかとか、大きなストレッサーは何かがわかると、"ストレッサーが重なっているから、次の日曜は少しゆっくりしよう"などと自分の生活を調整することもできます。

ただし、"ストレッサーを思い出すだけでも気分が悪い"という人には、今はこの方法は向いていません。

(3) 評価を変えるコーピング

"あなたが気にしすぎるのが良くない""考えを変えたら？"と言われたことはありませんか。そう言われても、"そんなこと言ったって！"と素直に受け止めることはできなかったかも知れません。

人は他人から"変えなさい"と言われるとなかなかできないものです。

しかし、どのような考え方をするかはストレスの流れの中で"評価"を作り出す1つの働きをしています。ここでは、そうした"考え"を変える方法もあるのだと知ってもらえればと思います（図10）。

1) 前向きに表現する・ポジティブに考える

もし"あなたは神経質だから"とか"優柔不断なんだから"と言われたら、どう感じますか。例えそれが当たっていたとしても、いい気持ちはしませんね。では、"神経質"を"敏感"に、"優柔不断"を"慎重"と言い換えるとどうでしょうか。自分で考えを変換できると感じる気持ち（評価）も変わってきませんか（図11）。

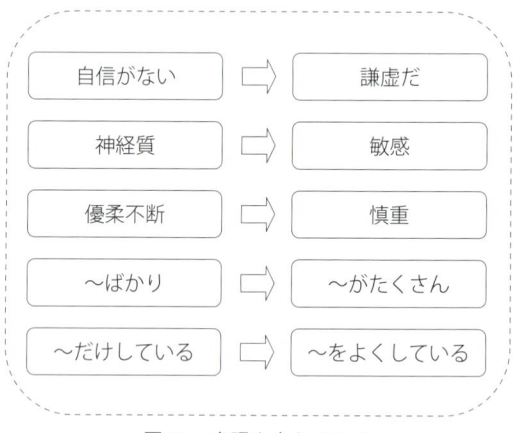

図11　表現を変えてみる

どんなことも良い面と悪い面があります。悪い面からだけみないで、良い面からも考える練習をしてみましょう。

マラソンの有森裕子選手は足の怪我で走れない

時、"どんな時もせっかくと思えばいいんだよ"
という監督の言葉に救われたと述べています（有
森2003）。"故障をしたからもうだめだ"というの
ではなく、"せっかく故障したのだから、今しか
できないことをしよう"という考えで故障を乗り
切ったそうです。"せっかくケンカをしたのだか
ら""せっかくお金がないんだから"…と考えてみ
てください。

2）思い込みに気づく[9]

人は知らず知らずのうちに、型にはまった考え
方（思い込み）をしてしまい、それで自分を苦し
めていることがあります。その、思い込みに気づ
いて修正することで、ストレッサーへの評価を和
らげることができます。考え方で自分が嫌な気持
ちになるか、前向きな気持ちになるか、あなた自
身が選ぶことができるのです。

しかし、いきなり思い込みを変えるのはどうも
無理があるようです。そこでまず、気持ちに目を
向けましょう。あなたにはどんな気持ちがあり
ますか。この1週間にどんな気持ちになったか、
思い浮かべてみましょう。"楽しい""うれしい""う
きうき""嫌だ""もやもや""悔しい"…。

あなたが感じる気持ちはあなたのものです。"そ
んな気持ちは感じてはいけない"とか"そんなふ
うに感じるのはおかしい"ということは決してあ
りません。ここで、自分の気持ちを否定すると
流れが止まってしまいますから、否定せずに"こ
んな気持ちもあるな"としっかり感じてください
（図12）。

では、あなたが一所懸命仕上げた課題につい
て、先生から"これじゃあ、全然だめだ"とけな
されたとします。あなたはまずどんなふうに感じ
ますか。怒りでしょうか、悔しさでしょうか、自
分はだめだという気持ちでしょうか。

ここであなたを嫌な気持ちにさせた考えはどん

図12　自分の気持ちを認める

な考えでしょうか。"あんなに頑張ったのにどう
してだめなんだ""やってもだめならやらない方が
よかった""自分は何をやってもダメなんだ"…。

そのように考えること自体が悪いわけではあり
ません。気持ちも考えも、変える前にまずは自分
で気づき、そう思ったのだと受け止めることが大
事です。できれば、誰かに聞いてもらうと、受け
止めやすくなるでしょう。ここを急いで飛び越え
てしまうと、無理に考えを変えようとしてもうま
くいきません。

少し気持ちが落ちついたら、次のステップで
す。嫌な気持ちにさせた考えの後ろに、どんな考
えがあるのでしょうか。

"頑張ったらいつも認められるべきだ""否定さ
れるならする価値がない""否定された自分はダメ
な人間だ"という考えは、嫌気持ちを持続させ
ます。逆に"頑張ってもいつも認められるとは限
らない""すべてを否定されたわけじゃない""今回
の経験はどこかで活かせるはず""ある人に認めら
れなくても人間としてダメなわけじゃない"など
の考えはどうでしょうか（図13）。

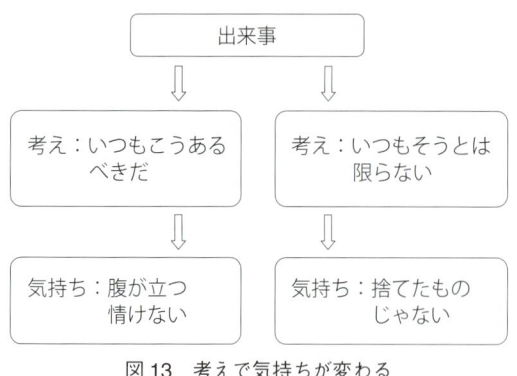

図13 考えで気持ちが変わる

こうして考えを変える方法は、事実に目を背けるとか、次の努力をしないことではありません。1つの出来事によって他のことまですべてを決めてしまわず、しかしその出来事はその時のそのこととしてしっかり受け止めて、次の一歩を踏み出す合理的な考え方です。

さあ、"考えを変えてもいいのかも"という考えになったでしょうか。

(3) 自分の気持ちを表現する

ストレッサーの中で何歳になっても避けられないのが人間関係の問題です。人間関係で起きる問題は、アサーションという自己表現で解決していくことができます。これは、事実を確認し相手の事情や気持ちを聞く、そして自分の気持ちを伝え、新しい解決方法を提案していく方法です。大学の演習や学生相談室のセミナーでも取り上げてきた内容ですが、「『楽しく会話できる人』になるために」の章（p.87より）に詳しくあるのでそちらを見てください。

7. おわりに…ストレスは役立つもの？

ストレスについて理解が深まりましたか。これまで"ストレスだからやめよう"とか"ストレスだから仕方ない"と思っていた人も、前向きに対処する方法があることに気づいていただけたでしょうか。"ストレスも付き合い方で何とかなる"と考えること自体が、ストレッサーへの評価を和らげてくれます。

また、ストレスとなる体験をすることで、自分が成長した（自己成長感）とか、コーピングがうまくできるようになったというストレスのよい面も研究されています。試合や発表会などはストレスとなる体験ですが、集中して能動的に臨むことで自分が成長する機会になります。ストレスは決して悪い面ばかりではないのです。

ストレスの仕組みについて、また自分のストレス反応や対処のパターンを知っていくことで、ストレスに対して前向きに取り組んでいっていただければと思います。

そして、こうして知ったことをまずは自分自身の生活に役立ててみましょう。それから、友達や家族がマイナスに考えている時、ちょっとポジティブな表現で返事をしてみてください。さらに、"これは面白い、もっと知りたい"と思った人は参考文献で紹介する本を読んでみるのもよいでしょう。さらに詳しく知り、勉強することで、将来、心の専門家を目指す人が出てくれたらいいなと思います。

文献紹介

スーザン R. グレッグソン著／上田勢子訳、汐見稔幸・田中千穂子監修『10代のメンタルヘルス⑧　ストレスのコントロール』大月書店、2004

　アメリカで出版されている10代の人のためのシリーズで、どのようにストレスをコントロールすればよいか、わかりやすく述べられています。

小杉正太郎編『ストレスと健康の心理学』朝倉心理学講座19、朝倉書店、2006

　高校生には少し難しい内容ですが、ストレスの理論や研究、実践について述べられています。図表もあるので、読めるところから読んでみてもよいでしょう。

上里一郎監修、竹中晃二編『ストレスマネジメント―「これまで」と「これから」―』ゆまに書房、2005
　専門的な内容ですが、これまでのストレス研究を紹介し、実践のこれからについて述べられています。

注
1) "ストレス"の研究に最も貢献したのはカナダのセリエ（Selye, H.）という生物学者です。彼は、物理学で使われていたストレス（外からの圧力）という言葉を、生き物に引き起こされる状態を説明する言葉として最初に使った研究者で、主に動物で研究を進めました（クーパー C.L. & デュー P. 2006、津田他、2005）。
2) ラザルスとフォルクマン（Lazarus, R.S. & Folkman, S. 1984）はストレスを、「人間と環境との関係である」と述べています。そして、「単なる反応でもなく、それを引き起こす刺激でもなく、生体と環境との相互作用的な交渉の中で、ストレスフルなものとして認知（評価）された関係性とそれに対抗しようとする一連の意識的な努力（コーピング）の過程」がストレスであるとしています。
3) ここで説明するのは、ラザルスとフォルクマンによって提唱された心理学的理論のトランスアクショナルモデルです。ストレスに関しては、この他にもセリエの汎適応症候群のモデル、素因ストレスモデルなど、いくつかのストレス理論があります（津田他）。
4) 図1、4、7、10、12のイラストは名畑美歩さん（山陽学園大学・総合人間学部生活心理学科4年）の協力によるものです。
5) トランスアクショナルモデルでは、ストレスコーピングとストレス反応は、起きたストレス反応に対して何かの対処をするという一方向の流れだけでなく、対処によってストレス反応が変わるというように、循環すると考えられています。
6) 短期間に多くの生活変化を経験すると健康上の障害が多くの人に起きるという調査がありますが、同じライフイベントが個人の受け止め方（認知的評価）によってストレスとなる強さが違うという面までは考えられていないという批判もあります（中野 2005）。
7) ストレスマネジメントの研究をしている中野が、大学生が経験している"厄介な出来事"を測定する学生用ハッスルスケールを作成しています。これらはその中にある項目です。
8) "一次的評価""二次的評価"はラザルスの考えた呼び方です。
9) これは、ベック（Beck, A.）の認知療法の考え方です（スタラード 2002）。

参考文献
有森裕子著『わたし革命』岩波書店、2003
クーパー，C.L. & デュー，P. 著／大塚泰正他訳『ストレスの心理学　その歴史と展望』北大路書房、2006 (Cooper, C.L. & Dewe, P., *Stress: A Brief History, First Edition*. Blackwell Publishing Ltd, 2004)
Holmes, T.H. & Rahe, R.H., *The social readjustment rating scale. J of Psychosoma* Re, 11, 213-218, 1967.
ラザルス，R.A.・フォルクマン，S. 著／本明寛・春木豊・織田正美監訳『ストレスの心理学：認知的評価と対処の研究』実務教育出版、1991 (Lazarus, R.S. & Folkman, S. *Stress, appraisal, and coping*, Springer. 1984)
Nakano, K. & Kitamura, T.: *The relation of anger subcomponent of Type A behavior to Psychological symptoms in Japanese and International students* Jap Psychol Res. 41, 50-54. 2001
中野敬子著『ストレス・マネジメント入門』金剛出版、2005
冨永良喜文責／小川香織絵／三浦光子編『ストレスマネジメント技法　リラクゼーション』日本心理臨床学会・支援活動委員会
http://heart311.web.fc2.com/stressmanagement1.pdf（2011.12.10閲覧）
野村忍著／末松弘行編『ストレスとその反応　新版　心身医学』朝倉書店、1994、pp.126-131.
スタラード，P. 著／下山晴彦訳『子どもと若者のための認知行動療法ワークブック　上手に考え、気分はスッキリ』金剛出版、2006 (Stallard, P., *Think Good-Feel Good A Cognitive Behaviour Therapy Workbook for Children* and Young People, John Wiley & Sons Ltd., England, 2002)
津田彰・永富香織・津田茂子著／上里一郎監修／竹中晃二編『ストレスの内容・考え方の推移　ストレスマネジメント―「これまで」と「これから」―』ゆまに書房、2005、pp.3-39.
山中寛・冨永良喜著『動作とイメージによるストレスマネジメント教育』北大路書房、2000

執筆者プロフィール
石原　みちる（いしはら　みちる）
現　　職：山陽学園大学総合人間学部生活心理学科
　　　　　准教授
最終学歴：京都大学大学院教育学研究科
　　　　　博士後期課程（単位取得退学）
学　　位：教育学修士
専門分野：臨床心理学
主　　著：「広汎性発達障害が疑われる大学生の進路選択への支援」（共著）『京大心理臨床シリーズ7― 発達障害と心理臨床』創元社、2009
　　　　　「虐待を受けていた女子中学生の大学臨床場面におけるコラージュ療法過程」（単著）箱庭療法学研究23巻1号、pp.59-73、2010
　　　　　「スクールカウンセラーに対する大学生の認識 ― スクールカウンセラーとの関わり経験による比較」（単著）山陽論叢19巻、2012

ヒット商品の秘密を知りたい

こころとビジネス

神戸　康弘

「こころとビジネス」という授業をしていますが、これは心理学でも経営学でもない、そこから漏れ落ちた「ビジネスの中にある心理」をテーマにした新しい考え方です。今までどちらの学問にもなじまず、研究されていませんでしたが、ビジネスの現場で重要だと思われてきたことを追究します。「ディズニーランドになぜまた行きたい気持ちのなるのか」、これは心理学？　経営学？　両方の間にあるようなテーマですね。ゲームには熱中できるのに、授業や仕事ではなぜ退屈なのか、これも心理学か経営学か、微妙なところですね。これは最近心理学から生まれた「フロー体験」という概念で解明されたことが経営学の中に入ってきています。マクドナルドのスマイルは実は労働？　ユニクロの広告モデルはなぜ笑わない？　など面白いテーマがたくさんあります。授業形式でいくつか紹介しましょう。

1.「ディズニーランド」は究極の心理ビジネス！

1時間目は東京ディズニーランド（以下、ディズニーランド）の授業です。ディズニーランドは究極の心理ビジネスと言われていますが、知っていますか？　まずは下の問題1に答えてみてください。

問題1.（　　　）の中に入る言葉は何か
・ディズニーランドの"会社名"は
　（①　　　　　　　　）。
・ディズニーランドのトイレには（②　　　）がない。
・シンデレラ城までの道のりが徐々に（③　　）なっている。
・入り口は必ず（④　　　　）。
・ゴミの運搬などはすべて（⑤　　　）で行われる。

わかりましたか？　まず①です。東京ディズニーランドという会社は実はありません。「オリエンタルランド」という会社が、東京ディズニーランドや東京ディズニーシーなどを運営しています。株式も上場している普通の株式会社です。大学生の働きたい会社ランキングでもいつも上位ですね。→正解（①オリエンタルランド）。

(1) 徹底した非日常演出

では②はどうでしょう？　授業で必ず聞く問題です。ディズニーランドのトイレには何がないと思いますか？「ドア」がない？「紙」がない？　紙がないと困りますね。正解は「かがみ（鏡）」です。なんとディズニーランドのトイレには鏡をおいてはいけないというマニュアルがあるらしいのです。その理由は何だと思いますか？　その理由は「現実に戻ってしまうため」だそうです。どうですか？　すごいですよね。この話を大学の時、授業で聞いて鳥肌が立ったのを覚えてい

ます。ビジネス、経営学に興味を持ったきっかけの一つでした。鏡は一番現実に戻ってしまう道具らしいです。トイレを終わって鏡を見ながら手を洗っていると、夢の国に来ているのに、自分の顔を見て「いったい自分は何をやっているのか、早く帰って料理作らないと」となってしまうそうです。そこまで計算しているところにウォルト・ディズニーのすごさがあるのですね。→正解（②かがみ（鏡））。

（2）映画の主人公になれる工夫

それでは③はどうですか？ シンデレラ城までの道のりが徐々にどうなっているでしょうか。これはわからないかと思います。正解は徐々に"細く"なっているのです。知っていましたか？

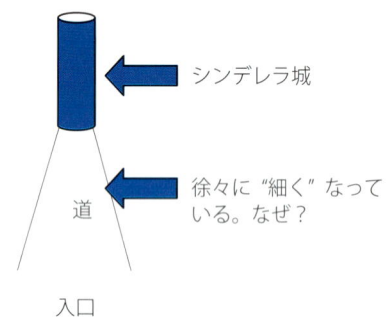

入口からシンデレラ城までの道が狭くなっていくのはなぜかわかりますか？ そう遠近法ですね。徐々に狭くすることで、シンデレラ城が大きく立派に見えるのですね。ディズニーランドは、映画の世界なのです。だから映画のテクニックが随所に使われているのですね。もっと言うと、両端にお土産物売り場が並んでいますが、その屋根も徐々にシンデレラ城に近づくに連れて"低く"なっているそうです。そこまで徹底しているからシンデレラ城がすごくきれいに立派に見えるのですね。これは上から見た絵（マップ）を見るとよくわかると思います（図1）。→正解（③細く）。

では④はどうですか？ 入口は必ず何でしょう？ 正解は、入口は必ず"1カ所"です。通常は、遊園地やテーマパークは交通の便を考えて、何カ所かに入口を設けるものですが、ディズニーランドは、必ず1カ所からしか入れませんね。電車を降りてからかなり歩いて入口まで行きますね。駅の近くにも入口を作っても良さそうですが絶対にしません。なぜかわかりますか？ これについてウォルトディズニーは「だって映画は途中から見たらつまらないでしょ？」と説明したそうです。映画が最初から最後まで計算されているように、ディズニーランドも入口から入るとシンデレラ城が見えわくわくどきどきするように計算されているのですね。ここにもウォルト・ディズニーのこだわりを感じます。→正解（④1カ所）。

最後の⑤はどうでしょう。ゴミの運搬などはすべて何で行われると思いますか？ 正解は"地下"です。ディズニーランドでゴミの収集車を見たことがありますか？ ゴミ袋からゴミを出している姿を見たことがありますか？ おそらくないと思います。これらの作業はすべて地下で行われるそうです。なぜかわかりますか？ そう「日常に戻らないようにするため」ですね。日常に見るゴミの収集を見てしまうと現実に戻ってしまうわけです。そのために地下にそれらの作業をする"地下ランド"があるそうです。すごいこだわりですよね。→正解（⑤地下）。

（3）テニスコート素材の床

学生たちが授業で紹介してくれたディズニーランドの論文（岩田，2006）はサービス・マーケティングの立場から、ディズニーランドの強さの秘密を分析したものです。徹底したディズニーランドのこだわりに驚きます。一番驚いたのは、行列や走行のストレスを軽減するため心理学を応用したさまざまな努力をしていること。例えば行列

が直線にならないように工夫していたり、音や光の刺激でストレスを軽減したり、そして驚いたのはランドごとに床の色を変えていること。これにより心理が変わるように工夫されているそうです。そして何と長時間の歩行にも疲れないように床にテニスコートに使う素材が使われているそうです。掃除をするカストーディアルと呼ばれる人はかがまないでゴミを取るように訓練されていること（かがんでしまうと日常を思い出してしまうから）など、ここまで徹底したプロのこだわりは、まさに究極の心理ビジネスと言ってよいでしょう。

2. マクドナルドのスマイルは実は「感情労働」！

2時間目のテーマは、感情労働です。まずは問題2を見てください。答えがわかるでしょうか。

問題2.（　　）の中に入る言葉は何か
・ディズニーランドと葬儀社の共通点は？
　→どちらも実は（①　　　）。

ディズニーランドと葬儀社はまったく違う仕事のように思いますよね。しかしディズニーランドは「楽しいという感情を起こす労働、葬儀社は悲しいという感情を起こす労働ですね。つまりどちらもある感情を作り出すことが仕事の、実は同じ"感情労働"なのです。→正解（①感情労働）。

感情労働とは何か、以下、武井（2006）に従って説明します。

(1) 感情労働とは

感情労働（Emotional Labor）は、肉体や頭脳だけでなく「感情の抑制や鈍麻、緊張、忍耐などが絶対的に必要」である労働を意味します。肉体労働、知識労働に続く第三の労働形態と言われています。

提唱者はホックシールドで、彼女は『管理される心－感情が商品になるとき』でこの概念を提唱しました（Hochschild, 1983）。

米国の客室乗務員を対象にフィールドワークを行い、感情と労働の関係を明らかにしました。

(2) 感情労働の特徴

要はある種の感情を意図的に演出することが強いられるような仕事ですね。マクドナルドの店員さんが笑顔でいることを強制されるなら立派な感情労働なのです。

ホックシールドは、感情労働の特徴を以下のように説明しています。

① 労働終了後も達成感や充足感などが得られず、ほぼ連日、精神的な負担・重圧・ストレスを負わなければならない。
② 感情労働に従事する人は、たとえ相手の一方的な誤解や非常識な要求であっても、自分の感情を押し殺し、決して表には出さず、常に礼儀正しくふるまい、相手の言い分をじっくり聴き、的確な対応を提供しなければならない。
③ そのため、企業や労働者にとって事前に作業量の予測や計画を立てるのが困難である。
④ また作業習熟による労働効率の向上があまり期待できない点で、従来の肉体労働、頭脳労働と決定的に異なる。

以下に特徴のポイントをまとめました。

感情労働の特徴
①終了後、「達成感、充実感」が得られない
②ストレスがたまる
③事前に作業量の予測が困難
④作業習熟による労働効率の向上が困難
⑤休憩、休暇で疲労の回復ができない
---

(3) 感情労働の問題点

今現在、派遣労働やアルバイトなど多くの非正規労働者が、企業の窓口として顧客へのサポートや謝罪などに従事させられていますね。これらは苦情処理の仕事が多く、いわゆる過酷な感情労働です。

収益の観点から見た場合、大半の企業にとって利益を生み出さない感情労働部門は重要セクションとは言えず、感情労働に携わる者は賃金や昇進などで冷遇されているのが実情なのですね。

つまり大変な仕事なのに、従来の肉体労働、知識労働しか知られていなくて、感情労働の大変さがなかなか理解されないという問題があるのですね。犠牲になるのが若者や女性になるわけです。

肉体労働、頭脳労働の疲労は休憩・休暇によってほぼ回復されますよね。でも感情労働はどうですか？　お客さんのクレームに対処したり、悪口を言われたりしたことによる感情の疲労、傷は単なる休みで回復できないですよね。

終業後も、相手から投げつけられた罵声が頭を離れず、気持ちの切り替えができないまま帰宅し、ストレスによるうつ、身体不調を発するケースも起こっています。

行政、企業が一体となった対策、支援が求められている問題なのですね。

以下に問題点をまとめました。

感情労働の問題点
①派遣、アルバイトなどの"弱者"が感情労働部門に従事
②収益を生み出さない部署のため、賃金や昇進で冷遇
③感情の傷が癒えず、うつなどの精神の病になりやすい

---

(4) 「微笑みルール」が生き残る日本

日米の感情労働について比較したラズ教授の研究によると、最近の米国ではファーストフードなどの店員に対して、笑顔の強要やスマイルトレーニングは、人間としての侮辱だとして抵抗が高まっているそうです（Raz, 2002）。

米国のマクドナルドでは、店員はニコリともしません。マクドナルドの店員に笑顔を強制することは感情労働を強いたことになるのですね。

ところが日本だけに笑顔での接客が残っています。日本人は笑顔での接客に抵抗がありませんね。しかし、これは世界的には珍しいこと。笑顔での接客が、笑顔の強制と考えられるとはなかなか日本人にとっては驚きですね。

武井（2006）はまた、「感じがいい」を演出するOLの例を挙げています。そのOLは、どんな変な客にも同じように笑顔で対応を強いられ、「徐々に自分がなくなっていくのを感じた」と言い、「大声で、本音をぶちまけたい衝動に駆られる」と告白しています。同じように患者さんに笑顔で対応を強いられる看護師もその苦悩を「天使にもペテン師にもなれず、二年目ナースの今日が始まる」という詩で表しています。

ちなみにホックシールドは、感情の演技を「表層演技」と「深層演技」に分けています。

表層演技＝自然な感情を押し殺し、表向きの印
　　　　　象を操作する感情ワークのこと。
深層演技＝適切な感情を内面に働きかけ、自分
　　　　　の内面から感情を表出すること。

感情労働の職種としては、旅客機の客室乗務員が典型とされていましたが、現代では看護師などの医療職、介護士などの介護職、コールセンターのヘルプデスク、官公庁や企業の広報・苦情処理・顧客対応セクションなど幅広くあると考えられています。

秘書、受付係、電話オペレーター、百貨店のエレベーター係、ホテルのドアマン、銀行案内係などのサービス業も感情労働に該当すると考えてい

いでしょう。

3. 広告と表情学、ユニクロの「笑わない」広告の意味

感情労働の続きですが、ここからの3時間目は「広告と表情」の話です。まず問題3を考えてください。

問題3．広告について「笑顔あり」「笑顔なし」でどんな狙いがあると思いますか？
　　笑顔あり広告→（①　　　　　　　）をアピール
　　笑顔なし広告→（②　　　　　　　）をアピール

外国人モデルを使った広告を思い出してみてください。表情に注目。笑っていないことが多いですね。広告の中に出てくる人は、基本的に笑顔が多いのですが、外国人（西洋人）をモデルに使った広告は、だいたい笑っていません。気づいていましたか？

逆に広告の中の日本人は、特に女性は「笑顔」が基本です。

笑顔にはどんなメッセージがあるでしょうか。特に大学の大学案内や広告パンフレットは必ず笑顔ですよね。これはなぜでしょう。

また最近のユニクロの広告を見ると、日本人でも笑顔なしの広告が増えています。これはなぜだかわかりますか？

「笑顔なし広告と笑顔あり広告は、何が違うのか」「ユニクロの笑顔なし広告の意図は何か」、学生にこのような課題を与えてグループで議論してもらいました。すると以下のような意見が出ました。

「笑顔なし広告は、クールで格好いいイメージを出したいのではないか」
「高級感を出したいのではないか」

そうですね、笑わない外国人広告は、クールで格好いい服というイメージを抱かせたいときに使う手ですね。また高級感の演出にもなります。

「ユニクロは、安いというイメージがあるので、笑わない広告で、クールで格好いい、または高級感をイメージしているのではないか」

ユニクロの笑わない広告には、こんな意見が出ました。そうですね。その通りだと思います。
逆に笑顔あり広告の方は、

「親しみやすさを出して、店などに来て欲しいというときに使うのではないか」

という意見が出ました。つまり、格好良さをイメージして服を「着させたい」時は笑わない広告、大学やお店などに「来させたい」時は笑顔あり広告になるのではないか、という結論になりました。これらをまとめたものが表3です。

表3　広告の笑顔について（グループ討論から）

笑顔の有無	アピール	目的・場面
笑顔あり	安さアピール、安心感、「来なよ」、場面に笑顔がふさわしい時	来させたいとき（店舗、大学など）
笑顔なし	高級感、かっこよさ、「着なよ」、他との差別化、場面に笑顔がふさわしくない時	着させたいとき（服など）

つまり、問題3の解答はこうですね。

笑顔あり広告→（①安さ、安心感、おいでよ）をアピール
笑顔なし広告→（②高級感、クールさ、格好良さ、他との違い）をアピール

またこんな面白い意見も出ました。

「外国人モデルが笑わないのは、笑顔の強制は欧

米では感情労働になるので、その分のギャラ（報酬）が発生するからではないか」

確かにそうですね。つまり、何が言いたいかというと、広告のモデルも、笑顔ありか笑顔なしかで、印象がガラッと変わるわけで、ある種の感情を強いられる、あるいは感情が武器になる仕事だということですね。そういう目で見ると、職業に対する見方も変わってくると思います。

4.「フロー体験」とは？　ゲームは熱中、授業は退屈、なぜ？

最後の4時間目は、「こころとビジネス」に関わる3冊の本を紹介したいと思います。

(1) 消費者心理学って何？

1冊目は、『消費者理解のための心理学』という本です（杉本，1997）。心理学とビジネスの関係を体系的にまとめた本としては、大変重宝する本です。ここではフレーミング効果と認知的不協和理論を紹介しましょう。

フレーミング効果とは、何かを決めるとき、実は何かを参考にしながら、何かの枠組み（フレーム）を基準にして選択をしているという話です[1]。

例えば次の問題4とそしてその次の問題5に答えてみてください。

問題4　青いシャツ、いくらだと思いますか？

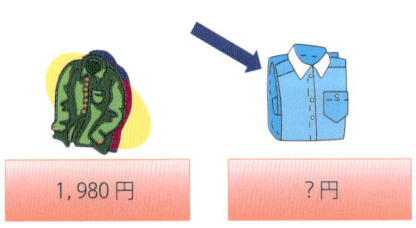

問題5　ワンピース、いくらだと思いますか？

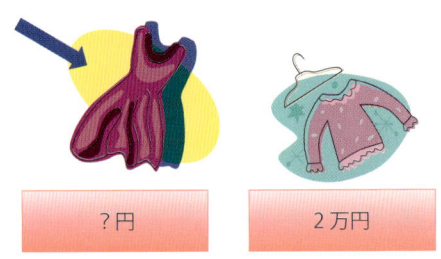

問題4は実際に学生に聞いてみると、1,000円ぐらいとか、2,000円ぐらいと答えることが多いですね。これは隣にあるシャツの値段「1,980円」を実は無意識に参考にしているのですね。

そして問題5は、1万円くらい、2万円くらい、と答える人が多いです。言うまでもなく隣のドレスの2万円という価格に影響を受けているのですね。

ビジネスで言えば、よく正規の値段が消してあって、値下げした金額が書いてあることがあります。これは「元の値段に比べたら安い」とわざと元の値段を基準にさせることで、安いと思わせるビジネスにおけるフレーミング効果を使った手法ですよね。人は無意識のうちに「ある基準」と比べているというのが、フレーミング効果の理論です。

もう1つの認知的不協和理論とは、人は自身の中で芽生えた矛盾する感情を、解消しようと行動するというものです[2]。

買い物場面では、ある商品を買った後、別の店に行ったら、もっと安く売っていた、などという経験はないですか？　そんなとき、「しまった」と思いますが、同時に、「まあ値段は確かに安いが前の店の方が親切でよかった」とか、何とか自分の行動を正当化しようとしませんか？　人は、感情の矛盾（不協和）がある場合、それを解消しようとして、自分の認知構造（考え方）を変えようとするという行動をとることが知られていて、

これを認知的不協和理論と呼びます。

本にはこの理論を実証しようとした、ブルームの実験が紹介されています。

3つの商品に対し、ある学生に欲しい度を5点満点で評価してもらいました。そしてその後、お礼に何か1つあげますので、選んでくださいと言って、欲しい商品を選ばせます。そして改めて「最後にもう一度、欲しい度を評価してください」と言ったら、自分がもらう商品が評価が上がり、他の商品の評価が下がったそうです。

まさに認知的不協和理論ですね。

(2) ゲームに熱中はフロー体験？

2冊目に紹介するのはチクセントミハイの『フロー体験：喜びの現象学』という本です（Csikszentmihalyi, 1990）。チクセントミハイという心理学者が提唱する理論ですが、ビジネス界にも大きな影響を与えました。簡単に言えば熱中している状態のことをフロー体験と名付けました。遊びは例えば、心理学では今まで子どもを対象に研究されてきました。しかし大人だって遊びをするのではないかと。よってある夏休みに課題に困って、学生たちに「大人の遊び」についてレポートせよという宿題を出したそうです。

そのレポートには、釣りやゴルフ、登山、チェスなどお父さんやお母さんが何に夢中になっているかが、克明にレポートされていたそうで、そこから大人が夢中になる瞬間とはどういうものなのかが明らかになり、それを"流れ"の中にいるような体験として「フロー体験」と名付けました。

そして、フロー体験の特徴が分かってきました。

夢中になるのは、目標がはっきりしている（山頂への到達、ネットの向こうにボールを打ち返す、粘土を好きな形にする…）、そのフィードバックはすぐにやってくる（山頂に近づく、ボールが相手コートに入るか入らないか、陶芸品が上手く作れたか失敗か…）、ほんの少しの努力が必要（簡単すぎない）、課題難易度と能力がベストマッチする、などです。

チクセントミハイはこれを理論化していきます。チクセントミハイは多くの人の最高の瞬間＝フロー体験を分析し、こう言っています。

「通説とは相反するが…、人生の最高の瞬間は、TVを見ながらソファーに座った、くつろいだ瞬間ではない。最高の瞬間はたいてい、何か困難な、やりがいのあることを自らの意思で成し遂げようと努力し、人の肉体や精神が限界まで近づいたときに訪れる。」

どうですか？　あなたの人生最高の瞬間を思い浮かべてみてください。

そして自分の能力と課題の難易度がちょうどいいとき、ベストマッチするときにフローが起こるのであり、簡単すぎると「退屈」、難しすぎると「不安」という状態になることを、図を使って説明しています（図6）。

日々の生活の中で、思い当たることはありませんか？　例えば授業は退屈と感じるけど、ゲームには夢中になっている人が多いですね。これはフロー体験理論で説明できますね。ゲームに夢中になるのは、自分の能力と、ゲームの難易度（課題難易度）がベストマッチしていて、目標がはっきりしていて、その目標に近づいたかどうかが、すぐにフィードバックされ、自分が日々成長していることが分かるなどフロー体験の条件を満たしているからですよね。

反対に授業が退屈なのは、目標が不明確だったり、やった成果がすぐにフィードバックされにくいなどの"逆フロー体験"の条件を満たしているからではないですか？

これは遊びの話で、ビジネスには関係ないのではないかと思ったかもしれませんが、そんなこと

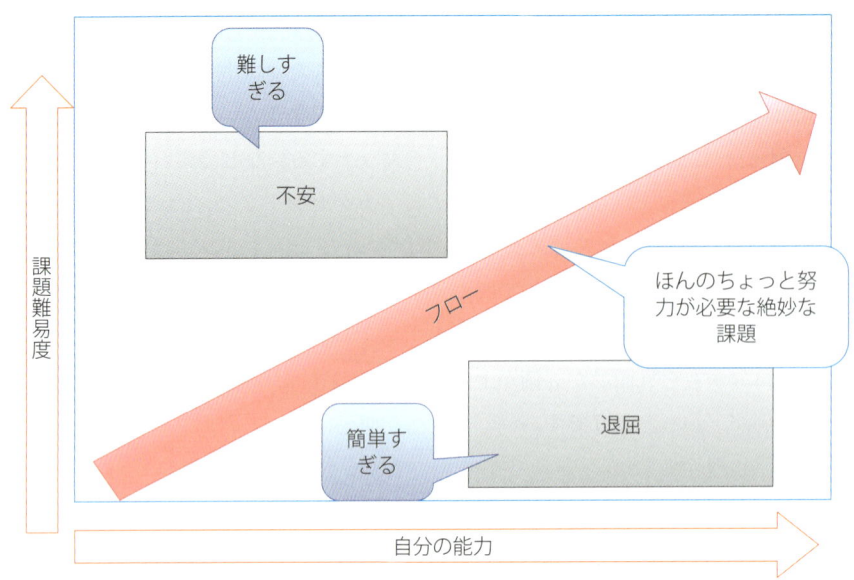

図6　フロー体験のメカニズム

はありません。仕事がつまらなそうな人もいれば、仕事に熱中している人もいますよね。つまり仕事でフロー体験できればいいわけですね。仕事に熱中できる人は仕事の課題がフロー体験の条件を満たしているのですね。だから仕事がつまらない人は、フロー体験の条件に合うように仕事を見直してみればいいのですね。例えば自分の仕事の目標とは何なのか、その目標に近づいたかどうかは何で分かるのか、などを明確にしたり、自分の能力に合った課題を見つける、などですね。

また近年、マイクロソフトなど創造性を重視する企業では、会社の中に卓球台があったり、ビリヤードの台があったりして、社員が自由に遊べる環境を調えているケースが多いですが、実はそれはこのチクセントミハイのフロー体験の理論を応用しているのですね。熱中する体験をしてもらうことで、お客さん（消費者）が熱中する状態を作るにはどうしたらいいかを考えているわけです。フロー体験の理論がなぜビジネスの現場で注目されているのかわかってもらえたでしょうか。経営者は社員にフロー体験のような仕事をして欲しいし、お客さんにも自社の製品でフロー体験（最高の体験）をして欲しいわけですね。

(3) 絵を描かなくなった子ども

最後の3冊目は、ダニエル・ピンクの『モチベーション3.0』という本です（Pink, 2009）。筆者は『ハイコンセプト』や『フリーエージェント社会の到来』など全米でベストセラーを連発する学者ではなく作家ですが、彼は、現代はアメとムチが通用する時代（モチベーション2.0）ではなく、次の時代、モチベーション3.0の時代に入ったのだと言っています[3]。

まずは有名なローソク実験というのがあります。ロウがテーブルに垂れないように、ローソクを立てて壁に固定してください、と実験参加者に告げます。正解は、箱を使って画鋲で箱と壁を留めて、そこにローソクを立てるのが正解です。要は発想が求められます。

実験では、Aのグループには、時間を計るとだけ言って、Bのグループには、できたら報酬をあげると言いました。結果はどちらが早かったで

しょうか。報酬をもらえる方が早いと思いますよね。結果は報酬をもらえる方が3分30秒も遅かったそうです。

この結果からダニエル・ピンクは、「報酬はときとして邪魔になる」と言っています。報酬には以下の性質があるそうです。

① 報酬には、実は焦点を狭める性質がある。
② 前方を見つめ全速力で走るには有効だが、ローソク問題のように発想が問われる問題には向いていない。
③ 「アメとムチ」は、"アルゴリズム"（ルーチンワーク）的な仕事には向いているが、"ヒューリスティック"（発見的、発想が求められる）な仕事には向いていない。

この本には幼稚園児の例も載っています。絵が得意で毎日絵を描いている園児に、「絵を描いたら私に持ってきて。持ってきてくれたらお菓子をあげるから」と告げたそうです。

園児は、最初は喜んで、絵を描いては持ってきて、お菓子をもらったそうですが、やがて描くのを止めてしまったそうです。好きで描いていたのに、お菓子をもらうための義務になってしまったのでしょうね。興味深い話ですね。

つまりルーチンワークのような決まり切った仕事なら、アメとムチは効果があるが、発見や発想など創造性の求められる仕事には、その仕事をしたいという内面から湧き上がるようなやる気の方が重要ということですね。アメとムチには致命的な以下の7つの欠陥があると言っています。

① 内発的動機付けを失わせる。
② かえって成果が上がらなくなる。
③ 創造性を蝕む。
④ 好ましい言動や意欲を失わせる。
⑤ ごまかしや近道、倫理に反する行為を助長する。
⑥ 依存性がある。
⑦ 短絡的思考を助長する。

このような結果から今、創造性を求められるような企業では、「義務」と感じるようなことを極力避けようとしています。例えばグーグルは、勤務時間の20%は何をしてもいいという「20％ルール」を作りました。グーグルの新しい企画はほとんどこの20％の何をしてもいい自由時間から生まれているそうです。

というわけで、「こころとビジネス」に関わるトピックについて、4時間の授業という形式でまとめてみましたが、いかがでしたか？ 紙面の都合で、ほんの一部だけの紹介になりましたが、紹介できなかった面白い話はまだまだありますよ。機会があれば、また続編で。

注
1) フレーミング効果とは、ある選択肢の判断を人が行う場合、その絶対的評価ではなく、自己の参照点（基準点）との対比において比較されるため、絶対評価とは異なる判断を導く可能性があるという効果のこと。同一の選択肢であっても、選択者の心的構成（フレーミング）が異なると、意思決定が異なってくる効果のこと。
2) 認知的不協和とは、人が自身の中で矛盾する認知を同時に抱えた状態、またそのときに覚える不快感を表す社会心理学用語。アメリカの心理学者レオン・フェスティンガーによって提唱された。人はこれを解消するために、自身の態度や行動を変更すると考えられている。
3) 〈モチベーション3・0〉とは作者の造語で、作者はコンピュータ同様、社会にも人を動かすための基本ソフト（OS）があるとしており、以下のようなヴァージョンがあると説明している。〈モチベーション1・0〉…生存（サバイバル）を目的としていた人類最初のOS。〈モチベーション2・0〉…アメとムチ＝信賞必罰に基づく与えられた動機づけによるOS。ルーチンワーク中心の時代には有効だったが、21世紀を迎えて機能不全に陥る。〈モチベーション3・0〉…自分の内面から湧き出る「やる気！＝ドライブ！」に基づくOS。

活気ある社会や組織をつくるための新しい「やる気！」の基本形。

参考文献

岩田隆一著「なぜ東京ディズニーランドは人気があるのか──サービス・マーケティングからの分析」『筑波学院大学紀要』2006、pp.51-59.

武井麻子著『ひと相手の仕事はなぜ疲れるのか──感情労働の時代』大和書房、2006

杉本徹雄編著『消費者理解のための心理学』福村出版、1997

Csikszentmihalyi, M. (1990), *Flow: The Psychology of Optimal Experience*, New York: Harper and Row.（ミハエル・チクセントミハイ著／今村浩明訳『フロー体験 喜びの現象学』世界思想社、1996）

Hochschild, A.R. (1983), *The Managed Heart: Commercialization of Human Feeling*, The University of California Press.（A.R. ホックシールド著／石川准・室伏亜希訳『管理される心──感情が商品になるとき』世界思想社、2000）

Pink, D. (2009), *Drive: The Surprising Truth About What Motivates Us*, Riverhead Hardcover.（ダニエル・ピンク著／大前研一訳『モチベーション3.0 持続する「やる気！」をいかに引き出すか』講談社、2011）

Raz, E. (2002), *Emotion at work: Normative Control, Organizations, and Culture in Japan and America*, The Harvard University Asia Center, 2002.

執筆者プロフィール

神戸　康弘（かんべ　やすひろ）
現　　職：山陽学園大学総合人間学部生活心理学科講師
最終学歴：早稲田大学大学院商学研究科博士課程単位取得退学／神戸大学大学院経営学研究科博士課程修了
学　　位：博士（経営学）（神戸大学）
専門分野：経営学、経営管理論、キャリア論、組織行動論

こだわり派のあなたに ― 道具編 ―

こころと道具

髙橋　功

　生物は、自然淘汰を通して自らの形質を変化させ、環境に適応していきます。しかし人類は、それにとどまらず、環境を作り替え、道具を生み出し、そしてその道具を使って環境との関わり方を変化させます。そして同時に心のありようも変化させます。石を使うことから始まったその歴史は、数百万年にわたって発展を続け、今や人類は飛行機や携帯電話を使うまでに至りました。私たちはそれらを使って地球の裏側まで旅したり、遠く離れた友人と会話したりします。そのような生活をしている現代人の物事の考え方は、人類の祖先のそれとは大きく異なるでしょう。

　さてそのような変化は、人類の歴史ほど劇的でなくとも、実のところ私たち一人ひとりの日常生活においても日々起こっています。しかし恐らく、多くの人はそのことに気づかず、道具は人間の"外側"、心は人間の"内側"に存在し、互いに切り離せるものだと考えがちではないでしょうか。

　今一度、環境、道具、生活、そして心の関わりを改めて考え直すことは、きっと日常生活と心の理解に新鮮な視点をもたらしてくれると思います。本章ではそのようなお話をしたいと思います。

1. はじめに

　図1は筆者が勤務する大学に設置されているポストの写真です。投函口は教員や部署ごとに1つずつあり100個を超えます。このポストは郵便物や書類の配布など日々の仕事に活用されています。同様のものは、大学以外の多くの職場でも見られると思います。

　このポスト、日々の配布作業に活躍してくれるのですが、少し難点がありました。というのも、設置当初は、学科別・氏名順に整然と並んでいたようなのですが、構成員の入れ替わりがありますから、年月の中でその規則性が次第に失われてしまったのです。そのため、投函する人はポストの前で「あの人のポストはどこだったかな」と右往左往することになりました。筆者もどれほどこのポストの前で時間を無駄にしたか分かりません。

図1　100個以上並ぶポスト

しかし、数年前、ある方が図2のような表を作ってポストの側に貼ってくださいました。いわゆるポストの配置表であり、所属部署ごとに色分けをするという工夫もなされたものです。このような表があればポストの場所が見つけやすくなります。実際、ポストの前で右往左往する人はいなくなり、配布作業が迅速になりました。

	1	2	3	・	・
1	サトウ	タナカ	ヤマモト	・	・
2	スズキ	ワタナベ	ナカムラ	・	・
3	タカハシ	イトウ	コバヤシ	・	・
・	・	・	・	・	・
・	・	・	・	・	・

…A学科
…B学科

図2 ポストの配置表

図3 一目で利用状況が分かるトイレ

筆者は、この表を見て「なんて素敵なことを考える方がいるのだろう」と感動しました。それまで誰もが不便に思いながらもこのポストをあるがままに使い続けていました。しかし、そこにその方のちょっとした工夫が加わることにより、ポストはより便利なポストへと一段進化したのです。大変素晴らしいことではありませんか。

もしかすると、読者の方は、なんてことはない話じゃないかと、筆者の感動が空回りしているように思われるかもしれません。しかしそこはコロンブスの卵だと思います。私たちの身の回りにはこんなこと、すなわち既存の道具のあるがままの状態に振り回され続けて、ちょっとした工夫になかなか気づけないことが結構あると思います。

例えば、図3は高速道路のサービスエリアにあるトイレの写真です。このトイレ、ドアのところに便座が開いているピクトグラムが取り付けられており、ドアを閉めればそれが見えなくなるように工夫されています。このおかげでどのトイレが空いているのか一目で見分けられます。これも

ちょっとした工夫ですが、このようなデザインは昔からあったわけではありません。その昔はトイレの前まで行って、鍵が閉まっているかどうかを見て確認するという光景がよく見られたものでした。

改めて考えてみれば、もともと道具というものは、そのように少しずつ改良が重ねられ、人間の特性や欲求に適合するよう発展してきたものだと思います。不便だと思うなら、より便利に使えるよう、手を加えたり使い方を変えたり別の道具を利用したりと、人が能動的に関わってきたものだと思います。しかしいつしか既成の道具が増える中で、私たちは道具に対して受動的になってしまったところがあるのではないでしょうか。いつも忘れる場所、いつも間違う操作、いつも時間がかかる作業、なのにそんなものだと諦め半分にしていた問題は皆さんの身の回りにありませんか。

そこで本章では、道具について問い直したいと思います。そして本章を読んだ皆さんの道具の見方が変わり、その選び方や使い方が洗練され、よりよい生活の実現に結びつけば幸いです。このた

め、「2. 人間と道具」では、人間と道具の関わりの深さについて改めて考えます。「3. 道具とは何か」では、一般的な意味とは異なる、心理学における道具の定義について述べ、人間のこころと道具の一体性について論じます。「4. 道具のデザイン」では、使い方の難解な現代の道具に目を向け、デザインの問題について述べます。「5. よりよい生活に向けて」では、道具を活用した生活の価値について述べます。

2. 人間と道具

通常、算数のテストで電卓を使用することは禁止されていますよね。それはなぜでしょうか。電卓の性能の違いで得点が決まらないようにするため、つまり受験生間の平等性を保つためでしょうか。いや、それを第一の理由に考えている人は少ないでしょう。恐らく多くの人は、算数のテストで評価しようとしているもののひとつは人間が自分で計算する力であって、電卓のような道具の力ではないからだと考えるでしょう。

その考え方はもしかすると、多くのスポーツ競技において使用してよい用具が制限されていることにも似ているかもしれません。オートバイに乗ってマラソン競技に出場することはできません。マラソン競技で競うのは生身の肉体を使って走る速さであって、乗り物に乗って走る速さではないのですから、それは当然のことですよね。

一見するとこの社会では、生身の肉体と頭脳が発揮する"人間の力"と、機械や乗り物などが発揮する、あるいは補助する"道具の力"のようなものの存在が暗に想定されていて、その2つの力は別種のものだと考えられているようです。

しかし、この2つの力を厳密に区別しようとするといくつかの難しい問題にぶつかります。両者があまりにも深く関わり合い過ぎているからで

す。以下、「算数のテストで電卓が禁止される基準は何か」という議論を通して、人間の力と道具の力の深い関わりについて考えたいと思います。

(1) 第1の基準「生身の肉体以外の物質か否か」

まずは、「算数のテストで評価しようとしているもののひとつは、人間が自分で計算する力であって、電卓のような道具の力ではないからだ」という考え方について検討してみましょう。これはつまり「生身の肉体以外の物質か否か」という基準で電卓を禁止しているといえます。

しかしこの基準にはある疑問が生じます。それは「鉛筆や消しゴムなどの筆記用具も生身の肉体以外の道具ではないか」というものです。この基準を主張するなら、そうした道具を使用することも禁止するべきでしょう。もっというなら、椅子に座るのもいけませんし、蛍光灯も消すべきですし、服も脱がなければなりません。そんなことを言い出すと、人間は算数どころか何もできなくなってしまいますよね。

これは非常に極端な屁理屈に聞こえるかもしれませんが、人間と道具の関係について考えてみるための議論なのでどうかお許しください。さて、どう考えればいいでしょうか。

(2) 第2の基準「計算に使われる道具か否か」

そこで、「筆記用具は解答を書くことに使われる道具にすぎないが、電卓は計算問題を解くことに使われる道具だからいけないのだ」という考え方に改めたいと思います。つまり、「計算に使われる道具か否か」という第2の基準で電卓を禁止するのです。なるほど、こういう考え方なら服はもちろん、筆記用具も許してもらえそうです。

しかしこの基準にも別の疑問が生じます。それは「筆記用具も計算に使われるではないか」というものです。ごくごく簡単な問題ならいざ知ら

ず、通常、私たちは計算問題を解くとき、問題とにらめっこして頭の中だけで解くわけではなく、筆算を書いたり途中式をメモしたりします。計算以外の問題でも図形に補助線を引いたり、場合の数を書き出したりなんかもします。第2の基準を主張するなら、そういう行為を禁止して、筆記用具を解答の記入のみに使用してもらわなければなりません。つまり、そういう行為は本来のその人の算数の力を割り増しする不正行為として扱われるわけです。これは少々奇妙なお話です。だったら、算数の授業で習ってきたことは算数ではなかったことになってしまうではありませんか。

これもまた極端な屁理屈に聞こえるかもしれませんが、さらに考え続けてみましょう。

(3) 第3の基準「計算を自動化する道具か否か」

今度は、「筆記用具は人間が計算することを補助してくれるにすぎないが、電卓は計算することを自動的に行ってしまう機械だからいけないのだ」という考え方に改めたいと思います。つまり、第2の基準をもう少し書き換えた「計算を自動化する道具か否か」という第3の基準で電卓の使用を禁止するのです。なるほど、電卓は計算処理を自動的にやってしまいます。人間がすることは問題を入力することのみです。しかし筆算の処理はあくまでも人間がやっていることであって、筆記用具はそれを補助するにすぎません。

しかしこの基準にもまた疑問が生じます。それは「ならば算盤は許されるのではないか」というものです。算盤はそれ自体が自動的に計算を処理する道具ではなく、人間が行う処理を補助するものですから、この第3の基準を主張するなら使ってもいいはずです。でも直感的には、算盤は計算のための特殊な補助道具であって、筆記用具はそうではないと思う人が多いと思います。

これは少々やっかいな疑問であり手ごわいで

す。いったいどう考え直せばいいのでしょうか。

(4) 第4の基準「禁止されている道具か否か」

実のところ、この問題を突き詰めれば次のように考えるしかなくなってきます。すなわち「筆記用具はそのテストで使用が許可されているからよいけれども、電卓や算盤は使用が禁止されているからいけないのであって、それがどのような道具であるかは本質的な問題ではないのだ」という考え方です。つまり「禁止されている道具か否か」という、基準というに及ばない回答です。実際、算盤の技能検定試験であれば算盤を使っていいわけですし、電卓の技能検定試験だってあります。この社会では、算数という種目とそれらが別の種目だと考えられていたにすぎないのです。

しかしこの回答は次の新たな疑問を呼び起こします。それは「どうして算盤は算数のための特殊な道具であるとされるのに、筆記用具はそのように扱われないのか」というものです。確かに、重要なテストでは、机の上に出してよいものとして鉛筆や消しゴムのことが明示されていますが、その算数のテストのことを"算盤技能"や"電卓技能"というような意味で、わざわざ「筆記技能による算数テスト」と呼ばないでしょう。通常、私たちは算数で筆記用具を使用することを当然のものと考えているからです。なお、「筆記テスト」という言葉が確かにありますが、それはWebテストや口述テストのように出題や解答の形式を述べるときに使われる言葉であり、問題を解く道具の指定に使われているわけではありません。

というわけで、本来ならば電卓以外のあらゆる道具についても、それが人間の"本当の"算数の能力の評価を歪ませないかどうかを検討してよいはずなのです。しかし少なくとも筆記用具を利用することについては、それも算数の能力の一部であると社会的に認められており、敢えて疑問視す

ることがほとんどないにすぎないのです。

（5）人間と道具との深い関わり

　長い議論の末に、最後の最後は、「そういう決まりだから」だなんて何とまあ面白くない結論が示されたことかと感じた方もおられたかもしれません。しかし、この議論を通して"人間の力"と"道具の力"の関係について次のことを再認識したり考えたりしてくださっていると幸いです。

① 第1の基準の議論より、「人間は道具なしにはほとんど何もできない」ということ。
② 第2の基準の議論より、「計算のように頭の中にあるような力でさえ、道具なしには発揮しにくい」ということ。
③ 第3の基準の議論より、「人間の力を補助しているという意味では、電卓も算盤も鉛筆も同質のものである」ということ。
④ 第4の基準の議論より、「ある道具の使用を人間のある能力の一部とするかどうかは社会的な決まりごとにすぎない」ということ。

3. 道具とは何か

　皆さんは道具といわれて何を最初に思い浮かべますか。2013年現在、Googleで"道具"を検索したところ、比較的最初の方にヒットしたサイトは、電動工具、大工道具、料理道具、釣り道具、剣道具、ドラえもんの道具に関するものでした。

　ドラえもんの道具も含め、これらの道具はすべて何かの「物質」であり、「特定の使い方が決まっていて」、正しく使用されることにより、その力を発揮して人間を助けてくれるものばかりです。

　これはごく常識的な道具の意味であり、間違いというわけではないではないのですが、心理学などでは少々異なる捉え方がされることがあります。例えば、認知科学辞典において"道具"という項目を調べると、次のように書かれています。少々難解ですが、じっくり読んでみてください。

> 一定の効率のよいやり方が選択されやすいよう工夫された外的支援。ハンマーや柄杓のように特定の機能を強調した形状をしていることもある。過去に繰り返しなされた計算結果を後から取り出せる形で集積したもの（例えば計算尺）や、特定の問題を解くために考案された一定の解法そのものを道具と呼ぶこともある。一定の解法を要請する制限性をもつが、日常生活ではその場の目的に合わせて即興的に利用されることも多い（日本認知科学会、2002、p.601.）

　まずここでは、「物質」に限定せず、「計算結果の集積」や「解法」も道具に含まれるとされています。また、「特定の使い方が決まっている」とはせずに、「一定の効率のよいやり方が選択されやすい」という慎重な書き方がされています。

　これはいったいどういうことなのでしょう。どうしてそんなに回りくどい書き方をするのでしょう。その意味を解き明かすことは、道具と人間の関係に対する理解を深めさせてくれると思います。以下、丁寧に考えていくことにしましょう。

（1）道具としての「計算結果の集積」

　これは森林管理の仕事をしている方のお話です[1]。彼の仕事のひとつは、森の木の直径を毎年測定することでした。そして彼の手元にはごく普通の巻尺がありました（図4参照）。さて、皆さんならどうやって木の直径を測定しますか。もちろん木を切り倒してはいけません。

　きっと優秀な皆さんは「直径×3.14＝円周」という公式と方程式のことを思い出されたのではないでしょうか。そうですね、木の円周を測りさえすれば、それを公式に代入してできあがる方程式を直径について解けばいいですね。例えば、円周が100 cmだったら「$3.14x = 100$」ですから「x

図4　木の直径を巻尺で測りたいけれど？

＝ 100/3.14」と移項して、後は計算さえすれば直径が約32 cmだと分かります。

しかし森林管理員の彼はこの方法にさらにもうひと工夫しました。こうした方程式の計算を使って巻尺自体に円周の目盛りを打ったのです（表1）。ある円周に対して直径の解はいつも決まっているのですから、そうしてもいいはずですね。

表1　新しく発明された巻尺の目盛り

元の巻尺の場所	直径用の目盛り
31.4 cm のところ	10
34.5 cm のところ	11
37.7 cm のところ	12
⋮	⋮
94.2 cm のところ	30
97.3 cm のところ	31
100.5 cm のところ	32
⋮	⋮

これは大変に素晴らしいアイディアだと思いませんか。この新しい巻尺を使えば、面倒な方程式を解かなくても答えが自動的に分かります。そしてそれはあたかも計算機を内蔵した巻尺のようではありませんか。そしてこのまさに"発明品"は、普通の巻尺に「計算結果の集積」をただただ書き込むことだけで生み出されています。

この例を見れば、道具というのは人間の活動や知識の記録であり、それを素早く引き出すためのものだと思えないでしょうか。道具の力は実は人間の力なのだと思えてこないでしょうか。

(2) 道具としての「解法」

暗算とは、電卓、算盤、鉛筆といったものを使わずに頭の中で計算することですね。しかし算盤を習ったことがある人は、たいてい算盤を使って暗算をすると思います。習ったことがない人も、筆算を使った暗算をするかもしれません。でもちょっと待ってくださいよ、「算盤を使わずに算盤を使って暗算する」だなんて奇妙な表現ではありませんか。これはつまりそこで私たちが使っていたものは、物質それ自体ではなく、その方法だったということでしょう。だから心理学では「解法」そのものを道具と呼ぶことがあるのです。

ここで質問があります。さて、算盤式の解法を使って暗算をしたとき、それは生身の人間の力ですか、それとも道具に助けられた力ですか。

これは非常に答えにくい質問だと思います。何だか質問内容がおかしく見えてきさえします。もしかすると"人間の力"と"道具の力"に分けて考えることがナンセンスだったのではないかと思えてきませんか。何にも助けられない人間の生身の力なんて、実はどこにも存在しなかったのではないだろうかとさえ思えてきませんか。

続いて、そのことをもっと感じさせてくれる興味深い研究トピックをご紹介したいと思います。一部の研究者たちは、アメリカよりも東アジア、とりわけ中国の就学前児の算数の成績が良いことに関心をもっています。本当に良いのかどうか異論もあるところなのですが、良かったとしてそれはなぜかということに関心が寄せられています。そしてその1つに言語の違いが挙げられています。

例えば、Miller, Kelly, and Zhou（2005）は、漢字圏の"三角形"という言葉を例に挙げています。この単語は、「3つの角がある形」とすぐにその意味を解釈することができます。ところが、英語圏で三角形を意味する"triangle"という単語は、語源となったラテン語は確かに同様の意味をもつのですが、当然、子どもにはその意味がすぐに分かりません。だから実際の三角形の形と結びつけて理解する際の障壁になるというのです。

表2　英語と中国語の数字の読み方

数字	英語	中国語	数字	英語	中国語
1	one	yī	11	eleven	shí yī
2	two	èr	12	twelve	shí èr
3	three	sān	13	thirteen	shí sān
4	four	sì	14	fourteen	shí sì
5	five	wǔ	15	fifteen	shí wǔ
6	six	liù	16	sixteen	shí liù
7	seven	qī	17	seventeen	shí qī
8	eight	bā	18	eighteen	shí bā
9	nine	jiǔ	19	nineteen	shí jiǔ
10	ten	shí	20	twenty	èr shí
			21	twenty one	èr shí yi
			22	twenty two	èr shí er
			⋮	⋮	⋮
			30	thirty	sān shí
			40	forty	sì shí

さらにもっと興味深い指摘は、英語圏と東アジアでの数字の読み方の違いです。1から10までの数字には固有の読み方があって、それを覚えなければならないのはいずれの言語でも同じなのですが、それ以降の数字については、中国語（表2）や日本語[2]だと、1から10の数字の読み方を組み合わせるだけでできてしまいます。また、その語順もアラビア数字にきっちり対応しています。つまり、「十の位を表す数字」＋「十を示す"shí"」＋「一の位の数字」という規則で数字が読めます。百以降は表に書きませんでしたが、百が"bǎi"であることを覚えなければならないだけで、規則は同じです。例えば、365は"sān bǎi liù shí wǔ"です。

ところが英語だとどうでしょうか。英語は単純に1から10までの数字の組み合わせだけでは読めません。つまり、11の"eleven"や12の"twelve"は明らかに新しい単語ですし、13や15も"three"や"five"の意味を表す部分が"thir"や"fif"に変化しています。また、10を意味する言葉は11から19においては"teen"に、それ以降は"ty"に変化してしまっています。そして何より、その順序がアラビア数字と逆です（つまり、例えば16は"teen six"ではありません）。

こうした言語の複雑性の違いが、就学前児の算数の能力に影響を与えることは、想像に難くないと思います。

さらにその影響は就学前に留まりません。なぜなら、こうした数字の読み方のシステムは生活の至るところに関わってくるからです。例えば、Deloach and Miller（1998）は、曜日や月の計算能力に関する研究結果を紹介しています[3]。これによれば、中国人はアメリカ人よりも、「咲くまでに7か月かかる花を3月に植えたら何月に咲くかな」とか「その花が3月に咲いたなら何月に植えたということかな」といった質問に答えるのがずっと早いということです。しかも驚くべきことに、中国の小学校4年生はアメリカの大学生よりも早かったというのです。その理由は、表3を見ていただければ一目瞭然だと思います。

表3　中国語の月や曜日の読み方[4]

1月	yī yuè	11月	shí yī yuè
2月	èr yuè	12月	shí èr yuè
3月	sān yuè		
4月	sì yuè	月曜	xīngqī yī
5月	wǔ yuè	火曜	xīngqī èr
6月	liù yuè	水曜	xīngqī sān
7月	qī yuè	木曜	xīngqī sì
8月	bā yuè	金曜	xīngqī wǔ
9月	jiǔ yuè	土曜	xīngqī liù
10月	shí yuè	日曜	xīngqī tiān

このように人間の算数の能力が使用する言語によって決まるのだとすれば、言語はまさに解法としての道具だといえるのではないでしょうか。実際、「言語は思考の道具である」という考え方は心理学でしばしば語られます。そして言語までもが人間が利用する道具だとするなら、「何にも助けられない人間の生身の力」に残されているものなんて、生物として備わっている基本的な生理機能くらいです。こんな風に考えると、人間の力は実は道具の力なのだと思えてこないでしょうか。

(3)「一定の効率のよいやり方が選択されやすい」ということ

　山登りの途中で休みたくても、山に椅子はありませんので、手ごろな岩を見つけて座ることがありますね。それは岩を座るための道具として使っているということです。休んだついでに汗だくのシャツを干したくても、山に物干し竿はありませんので、手ごろな木を見つけて引っかけることがありますね。それは木を干すための道具として使っているということです。それらの岩や木は、あなたが見つけるまで大自然の一部でしかありませんでした。しかしあなたが見つけてそのように使った瞬間、それが道具に変身したといえます。

　これは人工物にしても同じです。電卓は人間が電卓として使うから電卓なのです。場合によって、それは紙を押さえておく文鎮になるかもしれません。鉛筆は答案に解答を書く道具にもなるし、筆算をするための道具にもなります。算盤はしばしば子どもたちに楽器にされてしまいます。

　つまり使い方が決まった道具が世界に存在していて人間を静かにずっと待ってくれているわけではなく、道具は人間との出会い、人間の欲求との出会いとともに何かの道具になるのです。

　ただし、多くの人が多くの状況でそう使ってしまいたくなる一定の方法が、それぞれの道具にあります。岩と椅子があれば、普通は椅子のほうに座りますね。椅子は脚立としても使えますが、やはり座ることに使いたくなりますね。人工的に作られた道具は、形状や材質が、そう使われやすいように工夫されているからです。だから心理学では、道具を「特定の使い方が決まっている」ものとせずに、「一定の効率のよいやり方が選択されやすいよう工夫された」ものとしているのです。

　こんな風に考えると、道具の存在そのものが人間のこころの表れのように思えてきませんか。

4. 道具のデザイン

　ここまで、人間と道具との表裏一体の関係をお話ししてきましたが、パソコン、携帯電話、自動車といった現代の道具を顧みるとそのお話に違和感を覚えるかもしれません。そうした道具を使うために、私たちは学校に通ったり説明書を熟読したりしなければなりません。そうしてようやく使えるようになっても、予期せぬ状況に戸惑ったり、うまく動いてくれずに苛立ったり、操作ミスをしてしまったりすることがあります。今や人間は道具に使われているようでさえあります。

　それはそうでしょう、現代の多くの道具は巻尺や椅子とはわけが違います。長い歴史の中で、個人が理解できる範囲をはるかに超えた高度な技術を用いたものになりました。電磁波という、人が容易に視認・理解できない力も利用するようになりました。極度に複雑化・小型化し、その仕組みが一目瞭然ではなくなりました。だから非常に扱い辛いのです。

　そこでデザインの問題について考えたいと思います。というのも、道具はその発展に応じて、人間にとって分かりやすいものになるよう、意識的にデザインされなければならないのです。そうして常に「一定の効率のよいやり方が選択されやす

いように工夫」され続けるならば、道具は、私たちを振り回すことなく、人間の力の延長として私たちを支援し続けてくれるからです。

例えば、近年爆発的にヒットしたiPadのようなタブレットPCは、人類の知性の結晶ともいえるほど高度な技術が詰まっており、その仕組みを説明することは容易ではありません。それにもかかわらず、タブレットPCは非常に操作が分かりやすく、使い方を学ぶためにわざわざ学校に通う人はいません。今やタブレットPCは、あらゆる場所に普及し、多くの人が日常生活の一部として活用していますが、その成功の鍵は、技術そのものよりも、よく工夫されたデザインにあったといってもよいのではないでしょうか。

ところが、すべての道具がタブレットPCのようによく工夫してデザインされてきたわけではなかったと思います。その結果、道具と人間に隔たりができてしまった側面があると思います。

では具体的にどのような工夫が必要でしょうか。ここで2人の研究者のデザイン論をご紹介したいと思います。どちらも、道具のデザインの問題について世界的な影響を与えたものです。

(1) ノーマンのデザイン論

ノーマン（Norman, D. A., 1988/1990）の『誰のためのデザイン？』は、身の回りの使いにくい道具に関する考察から議論を展開し、望ましい道具がいかにあるべきかを論じた名著です。そしてそこでのひとつのキーワードは"知識"でした。

しばしば私たちは、知識を「人間がもっているもの」と考えがちです。しかしノーマンをはじめ多くの認知心理学者は「一部は頭の中に、一部は外界に、そしてさらに一部は外界がもっている制約の中に」（ノーマン、1990、p.88）あるものだと考えています。ノーマンは、そのことを踏まえてデザインされた道具は、人間の認知的な負担を大幅に軽減し使いやすいと述べています。

さてそれは具体的にはどういうデザインでしょうか。図5を見てください。これは学校の教室にあるブラインド、スクリーン、照明の操作ボタンです。このボタン、左の2列にあるブラインドとスクリーンのボタンは、どちらもそれらを上げるためのボタンが上に、下げるためのボタンが下に設置されています。これは非常に自然な対応づけです。このおかげで私たちはどのボタンがどの位置にあるか覚えておく必要もないし、いちいちラベルを視認しなくても直感的に操作することができます。これがまさに外界に存在する知識であり、このボタンはよいデザインがなされているといえます。

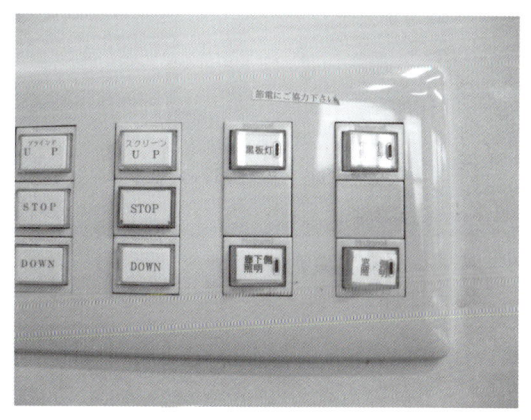

図5　教室の操作ボタン

ところが、照明の方が厄介です。右の2列がそうなのですが、このボタン、左上が黒板、右上が教室中央、左下が廊下側、右下が窓側の照明に対応しています。これは非常に不自然で分かりにくい対応です。皆さんは先生が探るようにボタンを押し間違えながら照明を操作するのを見たことがありませんか。これは悪いデザインの力です。

次に図6を見てください。これは大きなカッターを振り下ろして紙束を裁断する装置であり、大変危険なものです。この装置の手前には図7

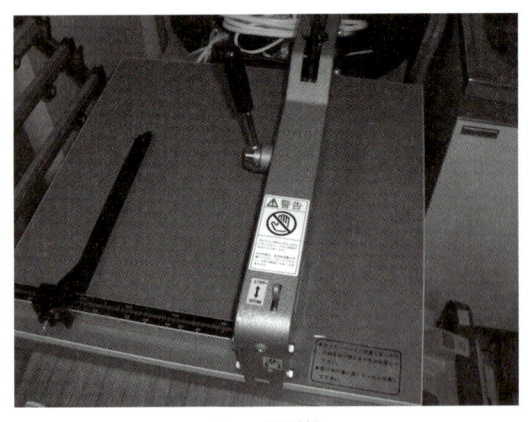

図6　裁断機

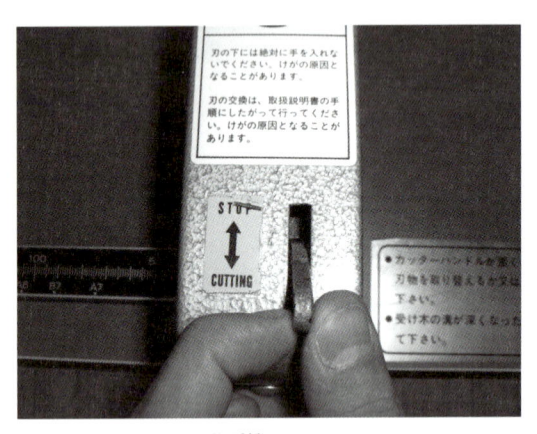

図7　裁断機のストッパー

のようなストッパーが備え付けられています。このストッパーは、手で手前に引かない限り、自然な状態では常に奥の方に戻る仕掛けになっており、その状態ではカッターが下りないようになっています。このおかげで、意図せず手が当たってカッターが下りることはまずありません。また、使うときは左手でこのストッパーを手前に引きながら右手でカッターを振り下ろすので、指がカッターに挟まれてしまう事故はまず起きません。そして使う人は、そうせざるを得ないので、この装置に関する知識がなかったとしても事故は起きません。これが制約の中にある知識というものです。このように事故を防止すべく制約が設けられている装置は、人間の知識を肩代わりし、人間を守ってくれるよいデザインだといえます。

この他、ノーマンは、構造をなるだけ単純化することや、今現在その道具がどのような状態にあるかのフィードバックを示すこと、作業を道具で自動化する場合も使う人に一定のコントロールの余地を残したりプロセスを目に見えるようにしたりすること、音を活用することなど、さまざまな提案をしています。いずれにせよ、それらは、人が道具に振り回されず、適切にコントロールし、それでいて認知資源[5]をなるだけ節約するためのデザインの提案といってよいでしょう。そのようなデザインであれば、技術がどれほど高度になろうと、算盤や巻尺と何ら変わらず、人間の力の延長として私たちを支援してくれると思います。

(2) メイスのユニバーサルデザイン

ユニバーサルデザインはすでによく知られている言葉だと思います。これは建築家であったメイス（Mace, R.L.）が提唱したデザイン思想であり、すべての人が利用でき、なおかつ美しく低コストな製品や環境の創造を謳ったものです。しばしばそれは特定のハンディキャップをもった人が問題なく使えるようにするバリアフリーやアクセシビリティの考え方と混同されることもあるようですが、そうではなく、「すべての人びとは何らかの障害を抱えているという認識」（メイス、1998）[6]に立ったデザイン思想です。すなわち、人は誰でも年をとるし、能力や身長などさまざまな違いをもっているのだから、それを踏まえてデザインするべきだというのです。それにもかかわらず、従来のデザインは、健康な身長180cmの成人男性が使うことしか想定されていなかったのではないかとメイスは述べています。

さて、すべての人が使えるデザインはどのようなものでしょうか。メイスが生前に設立し所長も務めたノースカロライナ州立大学ユニバーサルデ

ザインセンターは、デザイナーや消費者に向けて、デザインしたり評価したりする際のガイドラインとして7つの原則を提示しています（表4）。

表4　ユニバーサルデザインの原則

原則①	Equitable Use （公平に使えること）
原則②	Flexibility in Use （柔軟に使えること）
原則③	Simple and Intuitive Use （直感的に使えること）
原則④	Perceptible Information （情報を知覚しやすいこと）
原則⑤	Tolerance for Error （間違いへの耐性があること）
原則⑥	Low Physical Effort （身体的負担が少ないこと）
原則⑦	Size and Space for Approach and Use （使いやすい大きさと空間があること）

出典：Center for Universal Design, 2011 より

　原則①は、使う人に不安や恥ずかしさなどを与えないことや誰にでも魅力あるデザインとすることなど、情動的な面での負担の軽減や充足を述べたものです[7]。例えば、男女の好みがあまりにも分かれるような模様は、他方の性の人が使いにくいので、中性的なもののほうが望ましいです。

　原則②は、利き手などの個人の特性の違いや、急いでいるときなどの特定の状況においても使えるよう選択肢が用意されていることの必要性を述べたものです。例えば、iPadなどの"機内モード"は、電磁波を出すような機能のすべてをオフにする設定であり、飛行機の中でも使えるように配慮されています。

　原則③は、見ただけで使い方が分かるデザインや、状態が分かるフィードバックの必要性を述べたものであり、ノーマンのデザイン論と似ています。そうしたデザインは認知資源を節約するわけですが、それはすべての人が使えるということにも繋がるわけです。例えば、電磁調理器は炎を出しませんが、多くの製品は加熱中に赤く光るように工夫されています。そうすることで、今しがた台所にやってきたばかりの家族にだって状態が一目で分かるよう、工夫されているのです。

　原則④は、重要な情報を際立たせたり、複数の感覚器官に向けて発信したりして（文字、絵、音）、誰でも情報を得られるようにすることの必要性を述べたものであり、これもノーマンのいう認知資源の節約になると同時に、すべての人が使えるということにも繋がります。例えば、文字と一緒にピクトグラム[8]があれば、理解しやすいだけでなく、文字が見えにくい状況でも、文字の読めない人でも、内容を理解できます。

　原則⑤は、間違いを起こしにくいデザイン、適切な注意喚起の必要性を述べたものであり、これもまたノーマンのいう認知資源の節約になると同時に、すべての人が使えるということにも繋がります。例えば、子どもが遊ぶおもちゃは、大きく作られているものが多いのですが、そこには口に入れてしまわないようにするための制約の意図でそうされていることも多いです。また、そもそも頑丈に作ったり危険な部分を保護したりと、危険を取り除くようデザインすることも重要です。

　原則⑥は、文字通り身体的な負担の軽減を述べたものです。その昔は開けるのに力が要るお菓子の包装紙とか、爪を痛めそうなくらい硬い缶ジュースのプルタブが多く、特に子どもや老人は困らされたものです。しかし近年は、そうしたパッケージの改善が進んでおり、片手でも簡単に開けられるよう工夫されています（田中、2008）。

　原則⑦は、大きさや広さや位置などの適切性を述べたものです。例えば、近年増えつつある多目的トイレは、さまざまな人の利用に配慮し、介護者も一緒に入れるだけの広いスペースの確保にも配慮してデザインされています。

5. よりよい生活に向けて

(1) 道具の発展が生活にもたらすもの

　ノーマンは特に認知資源の節約に着目し、メイスは特に個人の特性や状況の違いに着目して、それぞれのデザイン思想を述べました。こうしたデザインがますます普及し、いつでも誰もが意のままに道具を活用できる世界になることは、私たちに何をもたらしてくれるのでしょうか。快適で何の苦労もなく、ただただ快楽だけが溢れる桃源郷に私たちを連れて行ってくれるのでしょうか。

　残念ながら、あるいは心配しなくてもそうはなりません。なぜなら、新しい環境は私たちに新しい課題や新しい認識の世界を与えるからです。

　その一例として、佐藤（1988）が描き出す、文具の発展との関わりからの学校教育の歴史的変遷のお話があります。佐藤によれば、かつて紙や筆記用具は高価であったり、扱いにくいものであったりしたので、学校の中で日常的に活用できるものではありませんでした。だから江戸時代の教育は先生の話を"聴く"ことが重視されたといいます。しかし明治後半には高価な和紙ではなく、廉価な洋紙の生産が盛んになり、これにより全国に教科書が普及しました。そうすると学校では"読む"ことが重視されるようになったといいます。さらに昭和になると、鉛筆と消しゴムが発展・普及し、ほとんどすべての児童の手に入りました。そうすると今度は学校では"書く"ことが重視されるようになったといいます。そして"書く"ことが学校活動の中心になるということは、子どもたちの"表出・表現"の可能性も広げたということであり、生活綴り方運動がほぼ同時期に全国的に広まったことにも関連しているといいます。

　とりわけ消しゴムの普及などは、書き直せるという、まさに間違いへの耐性であり、道具のユニバーサル化だと思いますが、このように道具の変化は社会全体の在り方や、人間の考え方・価値観を変化させ、新しい可能性をもたらします。

　ここでもしかすると、道具がよりよいものになったとしても、私たちが体験するのは"変化"であり、"よりよい生活"だとはいえないのではないかと考えた人がいるかもしれません。これは難しい疑問であり、私たちの価値観に関わる問題です。

　しかしながら、私たちには確実に何かの欲求があると思います。つまり恐らくほとんどの人は、うまく使えない道具に苛立ちを覚え、もっと便利に過ごしたいと思っていると思います。そしてそれは必ずしも怠けたいからではなく、"自分が本当にしたいこと"にもっと集中して取り組みたいと思っているからだと思います。例えば、パソコンの使い方に四苦八苦するより、今自分が書きたい文章や描きたい絵のことをもっと考えたいと思うでしょう。調理器の扱いに四苦八苦するより、作っている料理をもっとおいしいものにしたいと思うでしょう。炭火で魚を焼きたいと思っているときでさえ、自分がそうして価値を感じている昔ながらの方法以外のことについては、なるだけ煩わされないでいたいと思っていると思います。

　一言でいえば、便利になることは、自己実現欲求の充足に結びつくといえます。すなわち、「より自分らしく生きること」を私たちにもたらしてくれます。そこに価値を感じている限りは、よりよい道具に囲まれた生活を目指すべきでしょう。

(2) よりよい道具に囲まれるためにできること

　では、よりよい道具に囲まれた生活を創っていくため、私たちには何ができるでしょうか。

　まず消費者として、よりよいものを選択していくことができます。このときに大事なことは、"自分の生活にとって"よりよいものを選択すること

です。ノーマンのデザイン論やユニバーサルデザインの原則をよく理解し、商品を評価していくことはもちろん重要ですが、忘れてならないのは、目的は自分の生活であるということです。つまり、自分が認知資源の圧迫や身体的負担をほとんど感じずに課題をこなす自信があれば、その点で優れたデザインを選ぶ必要はないですし、逆にどうしても自分が認知資源を使いたくないことや身体的負担を感じたくないことについては、特に注意を払ってデザインを選ぶ必要があります。そしてもちろん、家族や周囲の人の自己実現も自分の幸せの一部なのですから、生活を共有する他者の立場に立った選択も重要になります。

また、消費者としてはメーカーに要望を出したり、アンケートに答えたりすることで、道具の発展に貢献することもできると思います。

そして何より、冒頭にあったポストの配置表のように既存の生活にオリジナルのアレンジを加えていくことこそ重要です。自分の生活を客観的に振り返ってみてください。自分の部屋にデッドスペース（活用されていない空間）はありませんか。家の中に危険な場所はありませんか。いつも間違えたり考え込んだりしてしまう作業はありませんか。手帳やメモ帳を有効に活用できていますか。そうしたことを見渡し、配置を変えたり、適切なラベルを貼り付けたり、やり方を変えてみたり、改善できることは結構あるものだと思います。

いずれにせよ、いい選択やアレンジをしていくためには、自分の生活や欲求に対する理解と想像力が強く求められます。そのためにはもちろん内省的になることが重要ですが、同時に外に目を向けることも重要になると思います。すなわち、周囲の人との対話がさまざまな発見に繋がります。新製品のニュースや時事的な社会現象はさまざまなことを考えさせてくれます。郷土博物館に行ったり年配の方の話を聞いたりして先人の知恵を学ぶことも大きなヒントになります。

本章を読んでくださった方が、そのように今まで見過ごしていた、生活の中にあるさまざまな問題に気づいたり想像したりするようになり、世の中の道具について新たな知的好奇心のまなざしを向けてくれるようになってくだされば幸いです。

さあ皆さん、まずは自分の勉強机のアレンジからでも始めてみませんか。

注

1) この話は、ピー（R. D. Pea, 1993）で紹介されたPBSのテレビ番組『Square One』の一場面を元に作成したものである。

2) Miller, Kelly, and Zhou（2005）は日本の子どもの成績の良さについても触れてはいるが、数の読み方について述べているのはもっぱら中国語のことのみである。この章での日本語についての指摘は髙橋による補足である。

3) この内容は、1995年春にIndianapolisで開催されたSociety for Research in Child DevelopmentでのKelly, M., Feng, G., & Fang, G.による発表の孫引きである。

4) 日曜日だけは例外ということになる。

5) 認知資源とは、注意や記憶など、人が判断や解釈を行うときに必要とするものの総称であり、そこには限りがあるという意味を特に強調して使われる認知心理学の用語である。

6) 1998年6月19日に聞き取られたとされる、インタビュー記事である。このときの聞き手はコーポレイトデザイン誌の当時の編集長、梶本久夫氏であった。

また、メイスは同日に生前最後の講演を、ニューヨークのホフストラ大学で開催されたユニバーサルデザインに関する初の国際会議"Designing for the 21st Century"にて行っている。この大変貴重な"LAST SPEECH" (Center for Universal Design, 2008) は、ノースカロライナ州立大学ユニバーサルデザインセンターのサイトで読むことができる。なお、内容はインタビュー記事とほぼ同様である。

メイスはこの講演から間もない1998年6月29日に他界した。

7) ノーマン（2004）も、認知資源の節約だけでなく楽しさや好奇心などを喚起するデザインの重要性につい

8) 画像表現。アイソタイプ（絵文字）。事柄を、書かれた言葉や音声によってではなく、事柄の意味を視覚化することによって表現したアイコン的記号（Abdullah, R. and Hübner, R., 2005）。

参考文献

アブドゥラ, R. & ヒュープナー, R. 著／星屋雅博訳『SIGN, ICON and PICTOGRAM ― 記号のデザイン』BNN新社、2006（Abdullah, R. & Hübner, R. Piktogramme und Icons: Pflicht oder Kür?, Schmidt (Hermann), Mainz; Auflage, 2005）

Center for Universal Design 2008 About the Center: Mace, R. L.: Last Speech, August, 1998
<http://www.ncsu.edu/www/ncsu/design/sod5/cud/about_us/usronmacespeech.htm>（2012年8月30日）

Center for Universal Design 2011 The Principles of Universal Design. Center for Universal Design, May 30th, 2011
<http://www.ncsu.edu/project/design-projects/udi/center-for-universal-design/the-principles-of-universal-design/>（2012年8月30日）

Deloache, J.S., Miller, K.F., & Pierroutsakos, S.L. Reasoning and Problem Solving. In Damon,W., Kuhn, D. and Siegler, R.S. (Ed.) Cognition, Perception, and Language, Volume 2, Handbook of Child Psychology, 5th Edition, John Wiley & Sons, Inc. 1998, pp.801-850.

メイス, R.L. 著「すべての人が使いやすく魅力的なデザインをめざして」『コーポレイトデザイン、39』1998、pp.24-27.

Miller, K. F., Kelly, M. K., & Zhou, X. Learning mathematics in China and the United States: Cross-cultural insights into the nature and course of mathematical development. In Campbell, J.I.D. (Ed.), Handbook of Mathematical Cognition, 2005.

日本認知科学会編『認知科学辞典』共立出版株式会社、2002、p.601.

ノーマン, D.A. 著／野島久雄訳『誰のためのデザイン？』新曜社、1990（Norman, D.A. The Psychology of Everyday Things, Basic Books, 1988）

ノーマン, D.A. 著／岡本明・安村通晃・伊賀聡一郎・上野晶子訳『エモーショナル・デザイン微笑を誘うモノたちのために』新曜社、2004（Normanm, D.A. Emotional Design Why We Love (or Hate) Everyday Things, Basic Books, 2004）

ピー, R.D. 著／髙橋功訳『教育のための分散知能とデザイン』ソロモン, G. 編／松田文子監訳『分散認知：心理学的考察と教育的意義』北大路書房、2004（Pea, R.D. Practices of distributed intelligence and designs for education. In Salomon, G. (Ed.), Distributed cognitions: Psychological and educational considerations. Cambridge University Press, 1993, pp.47-87.）

佐藤秀夫著『ノートや鉛筆が学校を変えた』平凡社、1988

田中定典著「進化するユニバーサルデザイン」『放送技術、46』2008、pp.424-428.

執筆者プロフィール

髙橋　　功（たかはし　いさお）
現　　職：山陽学園大学総合人間学部生活心理学科講師
最終学歴：広島大学大学院教育学研究科修了
学　　位：教育学修士（心理学）
専門分野：教育心理学
主　　著：「教育のための分散認知とデザイン」（共訳）サーモン G.・松田文子（監訳）『分散認知：心理学的考察と教育的意義』北大路書房、2004（Salomon, G. 1993 Distributed cognitions: Psychological and educational considerations. Cambridge.）

ドラマや映画を見ている時、あなたはどんな気持ちですか？

映像コンテンツと作る人、観る人のこころ

松浦　美晴

家庭用のビデオカメラやパーソナルコンピューターの普及により、映像コンテンツの制作は、わたしたちにとって気軽に行えるものになりました。人のこころのはたらきを考えることにより、より豊かなコンテンツを制作することができます。本章は、そのためのポイントを紹介します。

1. はじめに

長い間、テレビ番組や映画などの映像コンテンツの制作は、プロフェッショナルな人々が行うものと考えられてきました。しかし、近年では状況がすっかり変わってきました。

2012年3月の時点において、一般世帯におけるビデオカメラ、パーソナルコンピューターの普及率はそれぞれ40.2％、77.3％です（内閣府、2012）。これらの機器を使って、個人が映像コンテンツを簡単に制作することができるようになりました。ビデオカメラだけでなく、スマートフォンで映像を撮影することもできますね。また、インターネットで自作のコンテンツを公開することもあたりまえに行われています。みなさんも、「YouTube」や「ニコニコ動画」などの動画投稿サイトを利用したことがあるでしょう。

映像コンテンツの制作に必要なツール（道具）としては、
・デジタルビデオカメラ
・三脚
・録音用マイク
・パーソナルコンピュータ
・ソフトウェア（動画編集用、音声編集用）

などがあります。映像制作の上級者はもっといろいろな機材を使うのかもしれません。しかし、趣味で行うのであれば、これらのツールで事足りるといえそうです。

さて、コンテンツを制作するときには、視聴する人がどのように内容を理解し感情の変化を経験するか、を考えることによって、内容を分かりやすく伝え、効果的な演出をすることができます。

趣味で映像コンテンツを制作し、発表することは、とても楽しいことです。人のこころのはたらきを考えて工夫することで、もっと楽しくなることでしょう。

2. 内容を理解してもらうための工夫

(1) 証拠を示して説得する

それではさっそく、映像を通じて内容をわかりやすく伝えるための工夫についてお話しましょう。

ここでは、筆者の勤務する、山陽学園大学総合人間学部生活心理学科の授業の課題として2010年度、2011年度に学生が制作した、映像コンテンツを例として取り上げます。内容は、心理学のさまざまな理論の解説です。トピック（扱った

話題）を、表1、表2に示しています。まずは、2010年度制作の内容から、「パーソナリティ」の解説部分を抜粋して紹介します。

説明しようとしたのは次の内容です。

人間は生きてゆく上で「刺激」を必要とします。アイゼンク（Eysenck, 1967）は、人間は一人ひとり、脳が刺激を必要とする度合いが違っていて、それが外向性の違いを生み出すと主張しました。刺激を多く必要とするタイプの人は外向的な性格になります。刺激を求めていろいろなところに出かけたり、多くの人と会ったりすることを好みます。逆に、刺激をあまり必要とせず、刺激をうるさく感じてしまうタイプの人は、内向的な性格になります。刺激をさけるために決まった範囲で行動し、少数の決まった人とだけ付き合うことを好みます。

この内容を映像では次のように説明しました。

① ナレーション「人間が何かを見たり、聞いたり、感じたりするとき、その何かを刺激といいます。刺激に対して（脳の）大脳皮質は興奮します。この興奮は、小さすぎても、大きすぎても、よくありません。人間は無意識に、適度の刺激を求めます。」

② ナレーション「ところが、適度な刺激の量は人によって違います。ある人は、少しの刺激で興奮してしまいます。また、ある人は少しの刺激ではなかなか興奮しません。」

③ ナレーション「この違いによって、内向

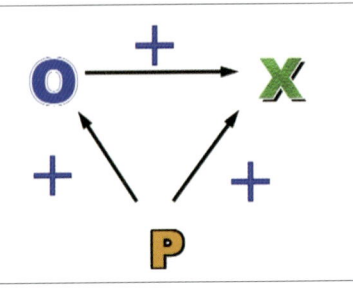

表1 2010年度制作の映像コンテンツ『心理学の世界をのぞいてみよう』トピック一覧

1　知覚と認知 　感覚でものを知ることを「知覚」といいます。例えば、携帯電話の着信音を、音として聞くのは知覚です。見えたもの、聞こえたものが何を意味するか、何であるかをとらえる段階を「認知」といいます。例えば、携帯の着信音をメッセージの到着を意味するものととらえるのが認知です。 　ところで、右図を見てください。格子の直線部が歪曲し膨らんで見えたりします。人が知覚や認知によって外界を物理的にとらえようとするとき、はたしてどこまで正確にとらえているのでしょうか[1]。	
2　パーソナリティ 　パーソナリティとは、気質や性格、知能のように、一人ひとり異なる人間の「個性」のことです。パーソナリティの1つに「外向性」（Eysenck, 1967）があります。外向的な人、内向的な人の違いはどこからくるのでしょうか。	
3　人間関係 　人間関係を説明する心理学の理論は数多くあります。その中でも有名な、ハイダー（Heider, 1958）の「認知的均衡理論（バランス理論）」を取り上げました。さて、どのような理論でしょうか。	

表2　2011年度制作の映像コンテンツ『まちの中の心理学』トピック一覧

1　交通信号の色 　交通信号の色は、赤、黄、青（緑）の3色です。この3つの色は、人に異なる影響をもたらすことがわかっています。信号機の色には、理由があるのです。どのような理由でしょうか。	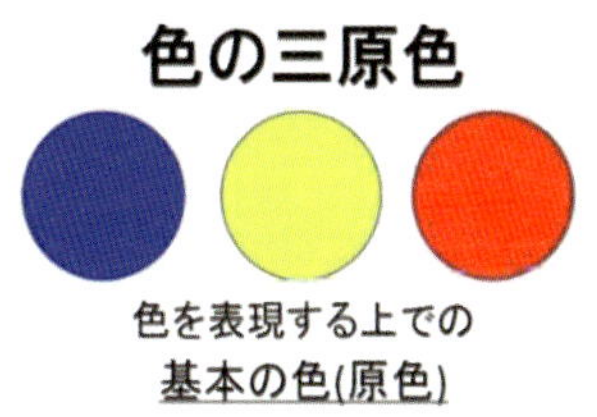 色の三原色 色を表現する上での 基本の色(原色)
2　郵便ポストの色と形 　明治時代の郵便ポストは最初は黒色でしたが、のちに赤色になりました。形も、最初は円筒型のポストだったのですが、現在では箱型に変わっています。なぜでしょうか。	
3　交通標識の色と形 　まちで見られる交通標識の色にはもちろん、形にも理由があります。種類によって色と形が統一され、重要度の高い標識はより目立つ色と形になっています。認知心理学の理論が活かされているのです。さて、どのように活かされているのでしょうか。	 ①規制標識　②指示標識 ③警戒標識　④案内標識
4　スーパーマーケットとコンビニエンスストア 　スーパーマーケットとコンビニエンスストアの間には、さまざまな違いがあります。人の心理や行動に基づいて、照明、陳列など、それぞれにあった工夫がされています。商品説明のpopの表現には、有名なマズローの欲求段階説が反映されています[2]。どのような表現でしょうか。	「マズローの欲求段階説」 自己実現の欲求 承認の欲求 所属と愛情の欲求 安全の欲求 生理的欲求

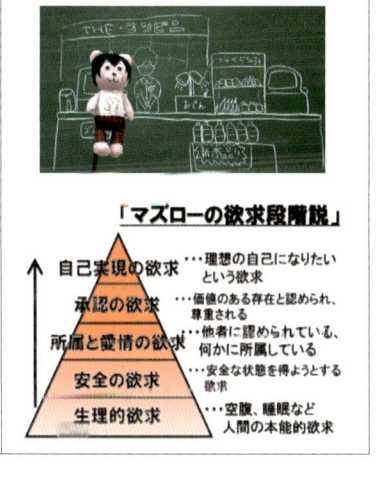

的な性格と外向的な性格に分かれるのです。」

「内向的な人は、大脳皮質が興奮しやすく、興奮が抑制されにくいです。そこで、大脳皮質を興奮させないように、控えめな行動を取るようになります。外向的な人は、大脳皮質が興奮しにくく、抑制されやすいです。そこで、大脳皮質を興奮させるような、開放的な行動を取るようになります。」

　ここで、①の説得力を増すための証拠として、次の内容を用いることができます。

　心理学者のヘロンは、刺激を得られなくなった人間がどうなるかを実験しました（Heron,

図1 ②の画面

図2 ③の画面

1957)。実験に参加した被験者は、耳栓をし、手には手袋と厚紙の袖を装着し、目には前が見えなくなるよう半透明のめがねをかけました。こうして聴覚、触覚、視覚をうばわれたまま、ベッドに横になって過ごしました。1日めには被験者のうち何人かが脱落しました。脱落しなかった被験者は、実験を続けるうちに幻覚に襲われるようになりました。

半透明のめがねをかけたり、厚紙の袖を装着するなんて、なんとも視覚的にインパクトのある、映像向けの実験ではありませんか。そこで、①と②の間に次の場面を挿入することにしました。

①の続き　ナレーション「人間が、快適なベッドの上で横になったまま、食事やトイレ以外は何もせず、見ることも、聞くことも、触れることも許されない環境に置かれた場合、2、3日もするとストレス状態に陥ります。」

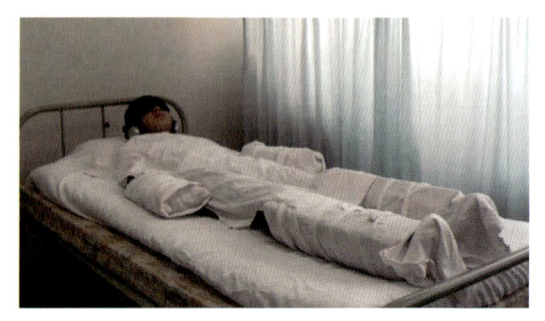

図3　感覚を遮断された被験者の画面

証拠としてヘロンの実験の話を挿入することで、説得力が増します。この映像を視聴する人は、「人間には『刺激』が必要なんだなあ」と実感してくれることでしょう。

(2)「説明する」ための情報の構造化

テレビ番組への出演で知られている、解説者の池上彰氏は、分かりやすい説明のためのポイントとして「話の地図を相手に渡す」ことをあげています（池上、2009）。また、藤沢晃治氏は、プレゼンテーションの技法についての著書（藤沢、2002）の中で、説明するときは相手が「脳内整理棚」を準備できるよう配慮することが大切だと述べています。「話の地図」も「脳内整理棚」も、情報の構造を意味します。どちらも、伝えたい情報の構造を相手に示すことの重要性を表しているのです。

さらに池上氏は、「話の地図を相手に渡すため

には、まず、その地図を描く必要がある」ことを述べています。つまり、相手に説明するためには、自分が知っている情報を整理し、わかりやすい構造に組みなおすという、構造化の作業が必要なのです。

映像コンテンツの制作では、伝えたい内容を整理し、取り上げる順番を決め、どのように映像化しナレーションをつけるかを考えていきます。編集作業では、映像や音声を提示するタイミングを考えます。映像コンテンツを制作する作業は、自分がすでに知っていて、これから他者に伝えようとする情報を構造化する作業なのです。

今度は、2011年度制作の内容から、信号機の色についての解説部分を紹介します。説明しようとしたのは次の内容です。

> 信号機の色は、なぜ、青、黄、赤なのでしょうか。色彩心理学は、この3色が人に異なる影響をもたらすとしています。松岡武氏は（松岡、1995）、赤は身体の緊張を、青や緑は身体の弛緩をもたらし、黄はその中間であるという結果を紹介しました（この結果は、松岡氏ではなく、野村順一氏によるものです。）。信号の赤色は人を緊張させるはたらきがあるのです[3]。

この内容を映像では次のように説明しました。

① ナレーション「青・黄・赤は、色の3原色です。色の3原色とは、色を作る上での基本の色、原色です。誰にでもわかるよう

図4 ①の画面

に、信号の色をこの3色に対応させたものといわれています。」

② ナレーション「色彩心理学の分野では、色による筋肉の緊張度の測定値がこのとおり示されています。測定値の数値が低いほど筋肉が緩んで、リラックスした状態となり、数値が高いほど筋肉が緊張した状態となります。」

図5 ②の画面

③ ナレーション「信号機に使われている青、黄、赤の値はどうでしょう。青の測定値が24とリラックスした状態に非常に近いことがわかります。逆に、赤は42と1番高い値をとっています。黄はその2つのほぼ中間に位置しています。つまり、青はリラックスできる色、赤は緊張色、黄はその中間で適度な緊張をうながす色といえるのです。」

④ ナレーション「信号に使われている青、黄、赤の3色は、色彩心理学的にもそれぞれの意味に適した色といえるでしょう。」

この説明をするための「話の地図を渡す」方法として、次の工夫をしてみました。

「狂言回し」ということばがあります。物語の進行役や解説役をつとめたり、複数のトピックから構成される物語の中でトピックとトピックをつなぐ役割をしたりする登場人物のことです。それ

それのトピックに入る前に狂言回しが登場して「これからこういう話をしますよ」と説明するのです。

この狂言回しとして、映像に子熊の人形（「Aくん」「Bくん」という名前です）を登場させました。さきほどの信号機の色の解説の前には、次のシーンを挿入しました。

（信号待ちをする子熊Bくん）

子熊Aくん	「ちょっと〜、待ってよBくん。置いてかないでよ〜。」
子熊Bくん	「遅いよ。」
子熊Aくん	「うん〜、もう（怒）。でも、信号が赤になってくれたおかげでなんとか追いついたよ。あれっ、でも、信号はなんで赤青黄色の3色なんだろう。」
子熊Bくん	「ああ、それはな…」
ナレーション	「Aくんは、さっそく信号機の色に興味を持ったようです。さて、なぜ信号機の色はこの青、黄、赤の3色なのでしょうか。」

図6　信号待ちをする狂言回しの子熊

いかがでしょうか。このシーンを入れることにより、見る人は、「これから信号機に青、黄、赤の3色が使われている理由が説明されるのだな」と、心構えを持つことができます。これがまさに、池上氏のいう「地図を渡す」、あるいは藤沢氏のいう「棚を作る」ことになるのです。

これまでお話してきたように、映像を用いて説明するためには、取り上げる内容を選び、見せる順序を考えなくてはなりません。映像コンテンツを制作することは、プレゼンテーションに必要な情報の構造化の訓練にもなりますね。

3. 映像の中で本物に見えるよう「ウソ」をつく？

（1）映像のトリック

映画『ゴジラ』やテレビ番組『ウルトラマン』の制作にかかわった映画監督の円谷英二氏は、「近代産業」である映画の撮影が天候などの「原始的な」制約をうけることは「ナンセンス」であり、風景をロケ地に頼らず撮影する方法はいくらでもあるのだと述べました（円谷、1959）。つまり、映像の中に風景を登場させたいときには、本物の風景を撮影する必要はなく、その風景であるかのように映るものを用意して、それを撮ればよいというのです（円谷氏はこのような考えのもと、特殊撮影の技術を発展させました）。

例えば、次のようなトリックはよく用いられます。

私たちがものを見るとき、同じものであれば、遠くにあるものは小さく、近くにあるものは大きく見えます。ですから写真のように、実際は人形

図7　このような大きさの模型も…

映像コンテンツと作る人、観る人のこころ

図8　配置によってこのように見える

より小さな自動車の模型を、人形の手前に置くことで大きく見せることができます[4]。

(2)「ウソ」をつく

　授業で作成した映像の例を、ここでも用います。先に述べた「感覚遮断」のトピックでは、次のような「ウソ」をついています。ヘロンは感覚遮断の実験を丸1日以上行ったので、画面上には「1日後…」「2日後…」とテロップが映し出されます。しかしもちろん、被験者役を演じた学生は、2日もの間ベッドに横たわっていたわけではありません。実際に横たわっていた時間はたったの数分でした。「1日後…」というテロップは、「映像の中の世界では1日経過したことになっているので、そのように見てください」という視聴者へのメッセージです。視聴者はそのように見てくれます。

　また、ヘロンの実験の被験者は手袋を着けた上に厚紙の袖をはめたのですが、撮影では、厚紙の袖だけをはめ、手袋は着けませんでした。たとえ手袋を着けたとしても厚紙の中に隠れてしまって画面には映りませんから、着ける必要がないのです。

　このような「ウソ」をついても、映像の中の出来事としてちゃんと成り立っているように見え、

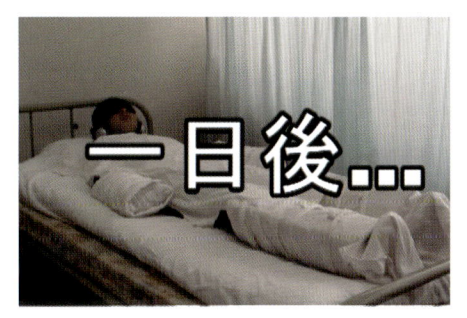

図9　時間の経過を示すテロップ

図10　手に厚紙の筒をはめて…

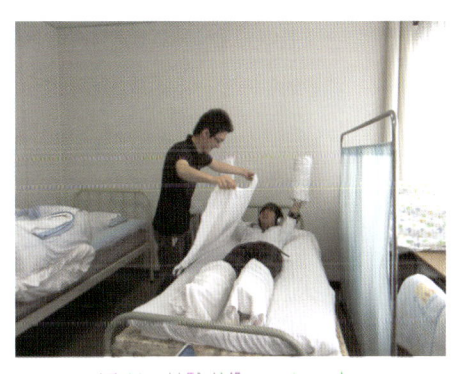

図11　被験者役のスタンバイ

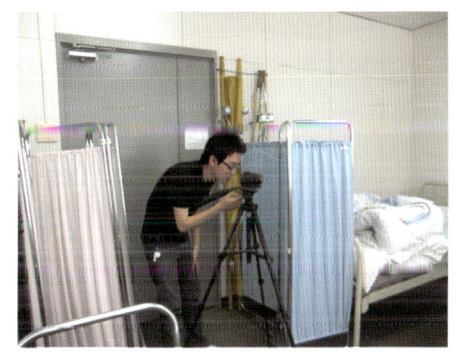

図12　撮影中

51

ば、それでよいのです[5]。

　また、かえって「本物」を映さないほうがよい結果になることもあります。

　先に紹介した狂言回しの子熊AくんとBくんは、映像の中で、街を歩きながら会話をします。この場面の背景として街の風景が必要になりました。「街の写真を撮ってきて引き伸ばして使ってはどうか」という案もありましたが、そのような方法はとらず、背景を黒板に描いて、その前でAくんBくんを操作することにしました。この方法は、思いもかけず、効果的でした。

　心理学の立場の1つに、「ゲシュタルト心理学」という立場があります。人間のこころのはたらきは、バラバラなはたらき（「要素」といいます）を足し合わせたものではなく、まとまったはたらきであること、人間は、まわりの世界を、バラバラなもの（これも要素です）の足し合わせとしてとらえているのではなく、まとまりとしてとらえていること、を主張する立場です。

　この立場に立つヴェルトハイマーという学者は、群化の法則（Wertheimer, 1923）を主張しました。その1つに、類同の要因、つまり、「似たものがまとまりやすい」という法則があります。

　写真（図14）は人形が登場している画面です。背景は黒板にチョークで手書きされたラフなタッチのものです。それに対して、手前の人形は実体の感じられるくっきりとした姿です。

　この質感の違いによって、黒板の背景と手前の人形が、視聴者には2つの別々のまとまりとなって映るため、背景と人形の動きが区別しやすく、見やすい画面となりました。もし背景が本物の風景写真であったなら、人形と質感が似通ってしまい、別々のまとまりに見えることはなかったでしょう。人形と背景がひとまとまりに見えてしまい、わかりづらい画面になってしまったことでしょう。

4. 演出の工夫と観る人の感情

（1）エネルギー性覚醒

　ここでは、視聴者をひきつけるための、演出上の工夫について考えてみましょう。

　日常の場面を思い出してみてください。授業中に分からない問題を当てられて答えなくてはならないとき、試験を受けるとき、ゲームに熱中するとき、好きな人に告白するとき、どのような気持ちになりますか。引き締まった気持ちになるのではないでしょうか。心理学ではこの状態を、「覚醒水準の上昇」と呼んでいます。逆に、何もすることがないとき、ゆったりとくつろいでいるとき、油断しているとき、などの気持ちのゆるんだ状態を「覚醒水準の低下」と呼びます。

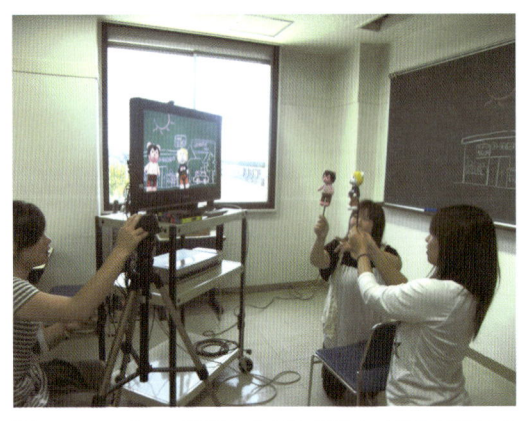

図13　モニターで確認しながら撮影中（後ろが背景を描いた黒板）

図14　黒板に描かれた背景と子熊

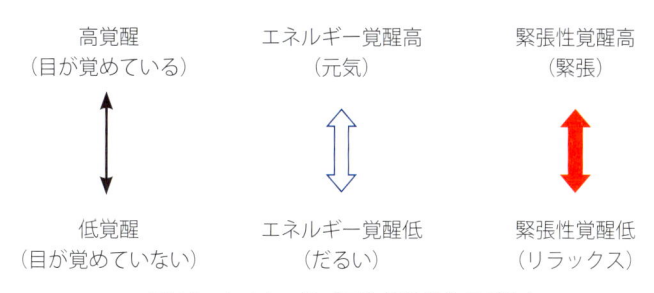

```
高覚醒              エネルギー覚醒高        緊張性覚醒高
（目が覚めている）      （元気）              （緊張）

  ↕                 ⇕                   ↕

低覚醒              エネルギー覚醒低        緊張性覚醒低
（目が覚めていない）    （だるい）            （リラックス）
```

図15　セイヤーの「二次元活性化モデル」

つまり、覚醒水準は、何かしなくてはならないとき、何かを注意して見たり聞いたりするときなどに、上昇するのです。

さらに、覚醒水準の上昇には2つのタイプがあるといわれています。心地よいと感じる覚醒水準の上昇と、嫌な気持ちになる覚醒水準の上昇です。このことについての代表的な理論に、心理学者のセイヤー（Thayer, 1978a、1978b）の「二次元活性化モデル」があります。このモデルは、覚醒水準の上昇にはエネルギー性覚醒の上昇と緊張性覚醒の上昇の2つがあると主張しています。前者のときは心地よく感じ、後者のときは嫌な気持ちになります。日常の例ですと、ゲームに熱中しているときは、エネルギー性覚醒が上昇し心地よくなります。授業中にわからない問題を当てられたときは、緊張性覚醒が上昇し嫌な気持ちになります。

面白い映像にひきつけられているとき、覚醒水準は上昇しています。このときの覚醒はもちろん、エネルギー性覚醒です。退屈な映像を見せられるとエネルギー性覚醒が低下して眠くなります。視聴者のエネルギー覚醒を上昇させる映像でなければ「面白い」と思ってもらえないのです。

(2) エネルギー性覚醒を上昇させる演出

それでは、エネルギー性覚醒を上昇させる映像を作るためには、どのような工夫をするのが効果的でしょうか。

心理学者の村山久美子氏は、著書（村山、1988）の中で「沈黙の音」の効果を取り上げ、次のように述べています。「聴覚において、音楽のビートには沈黙の音が含まれている。スロービートは単にゆっくりなだけではなく緊張を生じる。間隔は空白ではなく緊張に満たされる」。つまり、音楽において、立て続けに音がするのではなく音と音の間に間隔があるときに、そこに緊張が生じるというのです。「間」の大切さ、と言い換えてもよいかもしれません。

映像上の演出に置き換えて考えてみましょう。映画やテレビドラマなどで、次のような場面を目にすることはありませんか。

① 登場人物の1人が手にしたガラスのコップをうっかり落としてしまう。
② コップは「スローモーションで」床へと落ちていき、粉々に砕け散る。
③ 砕け散ったコップの映像が映ってから、「一瞬遅れて」ガシャーンとガラスの砕ける音がする。

「スローモーションで」「一瞬遅れて」というところが演出のポイントです。演出によって生じた「間」、すなわち「沈黙の音」が、緊張をつくり出します。この緊張が、視聴者のエネルギー性覚醒を上昇させ、視聴者を画面にひきつけるのです。

5. 他者の権利を侵害しないために

最後に、あたりまえのことですが、映像制作に既存の素材を使用することにより、素材の作者の権利を侵害してしまうケースもあるので、注意が必要です。

紹介してきた授業の課題としての映像コンテンツの制作では、インターネット上の画像を使用する際は、サイトの運営者から使用許可を得るための手続きをしました。必要な手続きは運営者によって異なるので、確認する必要があります。

図 16　狂言回しの子熊

また、狂言回しの子熊についても、著作権等に配慮する工夫をしました。既存のキャラクターでは著作権を侵害してしまいますので、オリジナルの人形を作りました。手芸材料として市販されている真っ白なぬいぐるみに、ポスターカラーで髪、眉毛、衣服を書きこみました。操作用に箸をセロハンテープで貼り付けて、子熊AくんとBくんが誕生しました。

使用する素材の著作権への注意だけではありません。インターネットを通じてコンテンツを公開する際にも、他者の権利を侵害しないようにしましょう。他者の個人情報を載せて公開する、既存のコンテンツを作者に無断で公開するなどの行為は、絶対に許されません。気をつけましょう。

6. おわりに

本章では、映像コンテンツの制作について、作る人、観る人のこころのはたらきに注目しながら述べてきました。

みなさんのなかには、コンテンツ制作の経験がある方がおられるかもしれませんね。本章の内容をどのように感じたでしょうか。また、これまで機会のなかった方も、制作に挑戦してみてはいかがでしょうか。

読んでくださって、ありがとうございました。本章がみなさんの参考になれば幸いです。

注

1) このような目の錯覚を「錯視」といいます。立命館大学教授の北岡明佳氏は、ここに載せた図をはじめ、数多くの錯視図を考案・発表しています。

2) マズロー（Maslow, 1954）は、人間の欲求は階層構造を成しており、低い段階から順に生理的欲求、安全の欲求、所属と愛情の欲求、承認の欲求、自己実現の欲求へと進んでいくとしています。

3) 制作したコンテンツの中では紹介していませんが、人が刺激に対して「おや、なんだ？」と注意を向けるとき、覚醒（かくせい）が上昇します。ウォルターら（Walter, Apter, & Svebak, 1982）は、人が赤に覚醒を感じ、青には覚醒を感じないこと、黄はその中間であることを示しました。信号の赤色は、人に注意を向けさせる働きがあるのですね（覚醒については、4でもお話します）。

4) 有名な「エイムズの部屋（Ames Room）」という錯視装置では、この現象がつかわれています。Gregory (1998) など、知覚心理学の本にはよく載っています。興味のある人は調べてみてくださいね。

5) 映像作家の中には、本物にこだわる人もいます。たとえば、『影武者』『乱』などの作品で有名な映画監督の黒澤明氏は、自分の撮りたい天候になるまで何日も待ち続けたり、背景のセットを映像に映らない細かい部分まで作りこんだりしたそうです。

参考文献

アイゼンク H. I. 著／梅津耕作他訳『人格の構造：その生物学的基礎』岩崎学術出版社、1973（Eysenck, H. J. The biological basis of personality. Speingfield, III: Charlis C. Thomas. 1967）

藤沢晃治著『「分かりやすい説明」の技術』講談社、2002

Gregory, R. L. Eye and brain. The psychology of seeing. Oxford University Press. 1998

Heider, F. The psychology of interpersonal relations. New York: Wiley. 1958

Heron, W. The pathology of boredom. Scientific American, 196, 52-56. 1957

池上彰著『わかりやすく〈伝える〉技術』講談社、2009

北岡明佳著『北岡明佳の錯視のページ』http://www.ritsumei.ac.jp/~akitaoka/

Maslow, A.H. Motivation and personality. Harper & Row. 1954

松岡武著『決定版 色彩とパーソナリティー 色でさぐるイメージの世界』三水舎、1995

村山久美子著『視覚芸術の心理学』誠心書房、1988

内閣府『統計表一覧：消費動向調査 主要耐久消費財等の普及率（一般世帯）（平成24年（2012年）3月現在）』http://www.esri.cao.go.jp/jp/stat/shouhi/shouhi.html.

Thayer, R. E. Factor analytic and reliability studies on the activation-deactivation adjective check list. Psychological Reports, 42, 747-756. 1978a

Thayer, R. E. Toward a psychological theory of multidimensional activation (arousal). Motivation and Emotion, 2, 1-34. 1978b

円谷英二著『トリック映画は誤解されている』藝術新潮、昭和34年6月、竹内博編／円谷英二著『定本 円谷英二随筆評論集成』ワイズ出版、2010、第9章

Walter, J., Apter, M. J. and Svebak, S. Color preference, arousal, and the theory of psychological reversals. Motivation and Emotion, 6, pp. 193-215. 1982

Wertheimer, M. Untersuchungen zur Lehre von der Gestalt, II. Psychologische Forshung, 4, 301-350. 1923.

執筆者プロフィール

松浦　美晴（まつうら　みはる）
現　　職：山陽学園大学総合人間学部生活心理学科准教授
最終学歴：岡山大学大学院自然科学研究科博士後期課程修了
学　　位：博士（学術）
専門分野：感情心理学
主　　著：『精神保健』（共著）みらい、2007

プレゼンの極意伝承

人の心をつかむプレゼンテーションについて

末廣　健一

> プレゼンテーションとは単なる発表や説明のことではありません。単なる情報提供や機械的な説明では、相手を納得させたり説得したりすることはできません。もしそうであれば、ビデオやコンピュータなどの機械で説明しても良いはずですが、あなたは機械が説明している商品を買いますか？　プレゼンテーションでは必ず人が聞き手の前に立って生で話しかけなければなりません。なぜでしょうか？　そこには人でなければ伝えることができないものがあるからなのです。それは「人の心理」が大きく関係しています。聞き手はプレゼンテーションされている「内容」を判断しているだけではなく、説明している人やその場の状況や雰囲気などの「表現」を見て総合的に、特に「心理的」に判断している（心をつかまれている）部分が大きいのです。

1. はじめに

　プレゼンテーションとは、非常に簡単に言うと「人前で発表したり説明したりすること」で、ビジネスの現場では広く行われています。今では高校など学校でも行われているようで、その言葉を知っている人は多くなってきていますが、そのためプレゼンテーションは単なる発表や説明のことだと思っている人が多いようです。

　また、最近はパソコンとプロジェクターを使用してプレゼンテーションを行うことが通例になってきているので、プレゼンテーションとはパソコンとプロジェクターを使って発表や説明をすることだと思っている人が多いようです。そう思うのは、そのような発表会や説明会を見てきた人にとっては仕方がないことです。しかし、プレゼンテーションは単なる発表や説明ではないのです。

　今ではプレゼンテーションはさまざまな仕事の現場で多用されており、そこでは役所と民間の区別はなく、あるいは実業と研究の区別もなく、あらゆる仕事の現場でプレゼンテーションが実施されています。

　それでは、これからプレゼンテーションが単なる発表や説明ではないということを、例を挙げて示していきます。

2. 新製品の企画のプレゼンテーションの例

　例えば、民間企業の仕事で言えば、新製品の企画のプレゼンテーションがあります。企業では売り上げを向上させるために、いつも新製品を企画開発して販売していかなければなりません。

(1) 重役の前でのプレゼンテーション

　ある会社である商品の企画をしたとします。その場合、最終的にはその企画を社長や重役などに説明して、発売を認めてもらう必要があります。これは社内の重役に対するプレゼンテーションです。そこで認めてもらわなければその企画は採用

されず、その商品は生まれません。いくら自分が良いと思う企画を立てても、社長や重役にその内容がうまく説明され、その良さを納得してもらわなければ、その企画は実現しません。これが1つ目の例です。

(2) たくさんのお金がかかる新製品の企画

皆さんにわかりやすい例で言えば、携帯電話の新製品の企画などです。皆さんなら、お店に行けば毎月のように携帯電話やスマートフォンの新製品が並んでいるのを目にしているでしょう。携帯電話の新製品を企画して開発するには、試作品をたくさん作って試験をしたりして大勢の人もかかわっており、開発までにたくさんのお金がかかっています。しかし、その新製品を実際に発売するとなると、そのための工場設備を作ったり、原材料をたくさん買ったりと、もっとお金がかかるのです。新製品を発売するのには何億、何十億いや最近のスマートフォンに至っては何百億というお金がかかるのです。その何億というお金を本当にかけるべきかどうかを、その新製品の企画を社長や重役に説明して認めてもらわなければ、発売が決定されないのです。

(3) チャンスは一度だけ

この場合、そのような社長や重役が集まる会議は頻繁に開催されることはなく、月に1回とか2回とかの限られた日時です。しかもその日の会議の議題はたくさんあり、その中の1つの議題としてその企画の説明を入れてもらうわけですから、説明にもらえる時間は数十分から1時間以内というケースがほとんどです。そのような月に1回の機会であり、その機会にやっともらえた数十分の時間内で重役に企画を説明しなければならないので、相当上手に説明しないと理解してもらえず失敗します。そこでは試作品を実演して見せたり、図や表で販売計画を説明したりしますが、その場でよくわからないことや問題点があれば、絶対納得してもらえず、未熟でだめな企画だと即座に否定されます。自分が何カ月も何年もかけて作り上げた企画が、一瞬で否定されてしまうのです。そこで説明に失敗すると取り返しがつきません。

このように限られた日時の短い説明時間で行わなければならないのが、重役プレゼンテーションです。

(4) 一瞬の判断を求められる重役

それは、社長や重役のような忙しい人たちからは、説明の機会は何度ももらえないからです。また、一度だめだと思われた説明をもう一度聞こうという暇な人もいないからです。社長や重役のような人たちは一瞬の判断で何億というお金を動かしています。ビジネスの世界は常に変化しており、消費者の好みも常に変化しています。消費者の好みにちょうどぴったり合った新製品を発売して会社が儲ける機会はいつ来るかわかりません。その一瞬の機会に何億ものお金をかけて商売をして利益を上げているのです。このように社長や重役たちはその一瞬の判断を常に求められているのです。

3. 商品販売プレゼンテーションの例

もうひとつの例は、商品の販売（セールス）でのプレゼンテーションです。ここでは自分の会社が開発したコピー機を、ある会社に売込みに行った場合の話です。

(1) システムで売り込む

この場合、コピー機1台を売りに行ったのではなく、ある会社の社内の全部のコピー機を買い

換えるというケースです。今はコピー機といっても1台でFaxやプリンターとして使える多機能なものです。さらに、それをプリンターとして単品で売り込むのではなく、PCとネットワークする複数の機械が組み合わさったシステムとして売り込む時代です。ある会社は大企業なので、社内全部のコピー機を買い換えるとなると何百台という数になります。これは成功すれば何億という取引です。そうするとそこで行われる説明会、すなわちプレゼンテーションは相当慎重に準備されたものでなくてはなりません。

(2) もたつくと即座に否定される

その場には、もちろん先ほどの例のように相手の会社の重役が出てきているかもしれません。そんな機会はもう二度と得られないかもしれない場ですから、失敗は許されません。そのプレゼンテーションの中でも、例えばコピー機の操作方法の説明や実演では、もたつくことは許されません。もしそんなことになれば、使いにくい機械だとなり即座に否定されます。そうでなくても評価は大減点です。それは、当然ですが、ライバル企業の製品と比較されているからです。こうなると後で釈明（言い訳の説明）に行っても無駄です。

4. 新製品発表会のプレゼンテーションの例

3つ目の例は、新商品の発表会です。皆さんが良く知っているスマートフォンの新製品の発表の場面などはニュースで見たことがあるかもしれません。

(1) 社長が直々にプレゼンテーション

あるスマートフォンの会社の社長はプレゼンテーションが上手で有名です。この場合、スマートフォンの新製品の発表を社長自らが行っています。例えばこうです。発表記者会見の大会場で、社長自らが舞台に立ち、背景の大画面に映された新製品の写真を前にして、その新製品を手に握って見せ、身振り手振りを加えてその良さを説明します。

(2) 身近な印象を与える

そのとき社長はスーツではなくカジュアルなスタイルで現れて、とても大企業の偉い社長とは見えないし、そのようなそぶりも見せません。非常にフレンドリーに笑顔を見せて話しかけ、聞き手に親近感を持たせます。それは自分が売り手の社長だと示すのではなく、むしろ自分は皆さんと同じような、この新製品を待ちに待っていた1人のユーザーだということを態度で示しています。そのユーザーが、この新製品を使ってみると、ほらこのとおり、便利で使いやすいでしょう、とやって見せるのです。そうすると、それを見た人たちは本当にそうだなと共感してしまうのです。

(3) 一回のプレゼンテーションが世界的に影響

この場面が全世界で報道され、そして世界中でその新製品が何百万台も売れることになります。その社長はそのようなプレゼンテーションをあちこちで何度も行うのではないのです、たった一回それを行っただけでそれだけ売れるのです。驚くほど効果的なプレゼンテーションです。この社長のプレゼンテーションは簡単にやっているように見え、いわゆるアドリブのように見えますが、実はそうではないのです。周到に準備をし、ストーリーも非常に良く練られたものなのです。

5. 建築設計のプレゼンテーションの例

4つ目の例は、建築家が自分の設計案を発注者（クライアント：顧客、施主、家を建てる人、

建物の所有者)に説明して認めてもらう場合です。

(1) まだできていない物を説明する

この場合、建物はこれから建てるので、これまでの例のように実物を見せるわけにはいきません。発注者に、まだできていない建物の姿を想像してもらう必要があります。そのために、建物の想像図を描いて見せたり、模型を作って見せたりします（図1）。それでも、建物の中の部屋の中とか、細かいところは見せることはできませんから、口で説明しなければなりません。そのときに口で説明しなければならないのは、細かいことだけではありません。それより重要なことは、なぜこのような設計にしたのか、その設計方針について説明することです。

(2) 住み手のイメージを具体化する

もう少し具体的に説明すると、「こんな家に住みたい」という発注者の考え方は明確でなかったり、詳細でなかったりして、なんとなく漠然としたイメージである場合が多いのです。そこに、建築家が具体的な絵を描いて提案することになります。発注者の希望を聞いて敷地条件や法律条件などさまざまな条件をクリアし、耐震構造的にもちゃんとしており、風雨にも耐える、住み手の生活スタイルに合った間取りやデザインの家を設計して提案する必要があるのです。

(3) イメージが合わなければ仕事はもらえない

そこには建築家としての考え方やポリシー「こんな家にすべきだ」と、発注者である建物を使う人の考え方「こんな家に住みたい」との折り合う点が明示されています。この説明がないと発注者は納得しません。建築家は「あなたが住みたい家はこんな家ですよ。なぜならこういう理由だから…」という説明をするのです。それでも、もし発注者が「私の住みたいのはこんな家じゃない」となったら、その建築家は仕事を任せてもらえません。こんなにプレゼンテーションは大切なものなのです。

図1　プレゼンテーションのために街の模型を作る（学生の建築設計競技で）

(4) 建築家は同業者との競争がある（建築設計競技）

その延長上の例として、建築設計コンペというものがあります。建築家や建築設計事務所が自分の設計案を競う競技会（コンペティション）のことです。役所や企業が建築物を建てる場合に、その設計案を公募する場合があります。その場合、複数の建築家や建築設計事務所に参加して設計案を作ってもらい、その設計案を審査してどの設計案を採用するか決める審査会が行われます。

(5) 図面や模型だけでは説得できない

参加者は大変な時間と労力とお金をかけて図面や模型を作成し、それらを審査会の場でプレゼンテーションする場合があるのです。その場合、図面や模型だけで審査するのではなく、先ほどの家の例と同じく、その設計方針を口頭で説明しなければなりません。その設計方針が納得されないといくら手間隙のかかった図面や模型があっても、その設計案が採用されることはありません。

(6) 学生にも設計競技の体験をさせる

本学の学生もこのような場に参加することがあります。学生の設計競技（設計コンペ）という場があるのです。その辺の事情を少し説明しますと、生活心理学科ではそのうちの生活分野の学習として、衣食住の勉強をしますが、そのうち住、すなわち住まいの勉強もします。人間の住まいという住環境は、1つの家だけのことではなく、その周りの環境も含まれますので、家が立ち並んだ住宅街や、大きな建物が立ち並んだ都市まで含まれます。なので、そのような街や都市、すなわちまちづくりの勉強までもします。

(7) 審査員の前で説明する

そうやって、家作りやまちづくりを学んだ学生が、自分の実力を試すために学生の設計コンペに毎年出場しています。そこには岡山県内の建築を学ぶ大学や専門学校などが、多いときで9校17ものチームを出場させて学生の設計を競わせます。学生たちは何日もかけて図面や模型やプレゼンテーション用パネルを作成し、審査会本番当日

図2　審査員の前でのプレゼンテーション（学生の建築設計競技で）

にはそれらを持って審査員の前に立ち、口頭でプレゼンテーションを行うのです。しかも原稿を棒読みしてはいけません。審査員のほうをちゃんと見て説明をする目線も重要です（図2）。

(8) コンセプトがないと認められない

そこでは自分たちが設計した建物や街を図面や模型だけで説明するのではなく、これまでの例のように、なぜそのような設計をしたのか、設計理由（なぜここにこんな建物を建てるのか）や設計方針（どうしてこんな形にするのかなど）を口頭で説明します。これらをコンセプトと呼びます。そのコンセプトが、一流の建築家からなる審査員に納得してもらえなければ、いくら立派な図面や模型であっても入賞できません。

(9) 本学の学生も入選

本学の学生は過去何度も入賞した実績があります。平成23年度も出場し、今回は生活心理の視点からコンセプトを作り上げて、見事に入賞を果たしました（図3）。

6. 各プレゼンテーションにおける共通の状況

以上4つの例を挙げてきましたが、これらのプレゼンテーションには共通の状況があります。すなわちそれは、プレゼンテーションの内容はともかく、まずはどんな場合にプレゼンテーションが行われているかということです。どんな場合かその共通の状況を見ていきましょう。

(1) 競争相手がいるという状況

1つ目の状況は、「競争相手がいる」ということです。商品開発の企画のプレゼンテーションの例では、特に説明はしませんでしたが、そのプレゼンテーションをした企画案の他に、別の企画案もあるはずです。商品企画の場合、たった1つの案だけを企画しているわけではありません、いくつもの案が並行して検討されているのが普通です。それらのいくつもの案の中で、1つの案だけが選ばれて製品化されていくのです。したがって、その実現した案には、他の案という競争相手

図3 プレゼンテーションの事例（学生の建築設計競技大会での発表）

がいたのです。

　コピー機の販売のプレゼンテーションの場合もそうです。競争相手がいるのです。なぜなら、そういう大きな買い物をする場合、どんな会社や役所でもいくつもの会社の製品を比較してから決めるからです。したがっていくつもの競争会社が同じようなプレゼンテーションを仕掛けてきているはずです。それらに勝たなければなりません。

　そして、スマートフォンの新製品の発表のプレゼンテーションもそうです。その新製品にとってはいくつも競合会社の製品があります。それらの他社の製品に勝たなければなりません。ここでも競争相手がいるのです。

　また、建築家のプレゼンテーションの場合もそうです。他の建築家と競争になっているのです。

　このように、プレゼンテーションでは多くの場合、競争相手がいるので、競争相手より優れたプレゼンテーションをしなければならないという状況があるのです。単に相手に説明するだけではいけないのです。他より優れたプレゼンテーションを行わなければ、競争相手に負けてしまうのです。

(2) 意思決定の場

　2つ目の状況は、プレゼンテーションの場は「意思決定の場」になる場合が多いということです。意思決定というのは大事なことを決断するという意味です。新製品の企画の場合は、その商品を発売することを決めれば何億というお金をかけることになります。これはその会社にとっては大きな決断です。下手をすればその製品が売れずにいくら損害が出るかわかりません。だからそのプレゼンテーションには会社の重役が出てきます。そんな重役にプレゼンテーションをするのは普通一回限りです。そんな大事な決断をこのプレゼンテーションの結果で行うのです。そんな大事な意思決定の場なのです。

　コピー機のセールスのプレゼンテーションもそうです。買う方の会社にとっては全社のコピー機を総入れ替えするという大きな買い物です。これも何億とお金がかかる重要な決断をしなければいけません。下手をすれば全社に変な使いにくいコピー機を入れることになり、その結果どんな損害が出るかわかりません。ここでも重役が出てくる場合が多いのです。これも大事な意思決定の場です。

　一方、建築の設計コンペの審査会でのプレゼンテーションでは、誰を設計者に選ぶかという意思決定の場になります。誰が一番優れているかということを決める大事な意思決定の場なのです。

　このようにプレゼンテーションの場は大事な「意思決定の場」になることが多いので、緊迫感があります。このような状況では、やはり優れたプレゼンテーションが必要になります。

　スマートフォンの新製品のプレゼンテーションの場合も大事な意思決定の場です。そのプレゼンテーションの良否によって、市場の反応が左右されるからです。この場合は重役というより、我々ユーザーや消費者の反応が直接出ます。消費者がそれを見ていきなりこう思います。「わっ、すごい、欲しい。買いに行こう」と。このように消費者が、買うことを意思決定するのです。多くの消費者が意思決定をするのは大きなお金が動くことを意味します。そうなって1日に何万台も売れることになるのです。もちろん反応するのは消費者だけではありません。そのプレゼンテーションを評価したマスコミが大きく取り上げることになります。テレビや新聞や雑誌やネットに大きく取り上げられることになります。そうなるとそれを見た消費者がますます反応します。さらには、それによって重役も意思決定をすることになります。どういうことかといいますと、それまでその

スマートフォンを販売していなかった携帯電話会社が、「よし、うちでもそれを販売しよう」と重役が大きな意思決定を行うからです。

(3) 限られた時間内で説明

さらに3つ目の状況は、プレゼンテーションは「限られた時間内で説明しなければならない場」で行われるという状況です。

ここまでくるとこれはもうお分かりでしょう。重役が聞くようなプレゼンテーションはたいてい1回限りで、しかも時間が限られています。また建築の設計コンペの審査会でのプレゼンテーションも時間が決められています。その限られた時間の中でうまく説明しなければならないのです。だらだらと長く説明することや時間をオーバーすることは許されません。また、よく分からなかったといって後で説明のやり直しが許されるものでもありません。その場のその時間内にすべてを説明しなければならないのです。あくまで「限られた時間内での説明」という状況なのです。そのようなプレゼンテーションは相当考えて準備をして内容や方法を煮詰めてきたものでないとうまくいきません。そういう意味でも優れたプレゼンテーションでなければならないのです。

ここまで聞いていただければ、プレゼンテーションは単なる発表や説明ではない、優れたプレゼンテーションをしなければならない状況で行われるものなのだ、言い換えれば緊迫感のある真剣勝負の場で行われるものだ、ということがお分かりいただけたでしょう。

7. 優れたプレゼンテーションとは何か

それでは、優れたプレゼンテーションとはどんなものなのでしょうか。今度はそれを見てみましょう。

(1) 内容が良くないと勝てないが

競争相手に勝ち残ったプレゼンテーションとは、ここまで読んでこられた人は次のように思うかもしれません。「それは内容が良かったからでしょう」と。そうですね、内容が良くないと勝てませんね。さて、ここで言うプレゼンテーションの「内容」とはなんでしょうか。それは、先に挙げた例で言えば、新製品の企画や販売する商品、建物などの「自分たちが考えた物そのもの」のことを言っています。その自分たちが考えた物そのものが悪ければ競争相手には勝てませんね。それではプレゼンテーションをする以前に勝負はついているようなものです。

(2) 表現が良くないと勝てない

ところが今まで挙げた例のようなプレゼンテーションでは、競争相手のどのようなプレゼンテーションでも、皆「内容」は優れているものばかりです。そう簡単に優劣はつけられないものばかりです。このように内容は皆優劣がつけがたいものばかりであれば、何によって優劣がついているのでしょうか。それは「表現」です。つまり、自分たちが考えた内容を、どのように表現して相手に伝えたかです。「内容」をうまく「表現」して、一番良く相手に伝えたプレゼンテーションが勝っているのです。説明の「内容」は大事ですが、「表現」すなわち、それがちゃんと相手に伝わるかどうかはもっと大事なことなのです。その内容がどれだけうまく相手に伝わるか、すなわち言いたいことをすべてうまく伝えられるかどうかは、人によってそのテクニックに優劣があり、上手な人と下手な人では大変な差があります。これは非常に心理学的なものです。

8. プレゼンテーションでは「表現」が重要

それでは、プレゼンテーションにおける「内容」と「表現」についてもう少し詳しく説明しましょう。

(1) 全部は説明しきれない

例えばあなたが新商品を企画したとします。その新商品にはこれまでにない20の特徴があるとします。この20の特徴が「内容」の代表例です。この「内容」（20の特徴）をプレゼンテーションしなければなりませんが、時間は20分しか与えられていないとしたら大変です。一つひとつの特徴を1分ずつで説明しなければならなくなります。1つの特徴を説明するのには何分もかかりますので、とても20分では全部の特徴を説明し切れません。それに、説明しなければならないことは販売計画など他のこともあるのです。

最も下手な人は、特徴を説明しきれずに、プレゼンテーションが尻切れになってしまいます。

(2) 説明を絞り込む

こんなときはどうしますか？ 20の特徴のうちから時間内に説明できるいくつかを選び出して、説明をそれらに絞り込むしかありませんね。それに、人間は一度に20もの特徴を説明されても覚え切れるものではありません。そうです、この場合説明する特徴の数を絞り込む必要があります。

それで、そのように絞り込むためにはいくつか方法があります。その1つは、20の特徴のうち本当に説明すべきものだけに絞り込み、例えば5つだけ選び、あとは捨て去ることです。

もう1つの方法は、20の特徴を似たようなものに分けて集めてグループ化して、いくつかのグループにし、たとえば3つのグループとして、グループを説明する方法です。このような絞り込む作業は、実は「表現」の大事な1つの要素なのです。

(3) まず何から説明するか

さて、20の特徴から5つだけ選び出す場合を考えてみましょう。そのためには20の特徴にそれぞれ優先順位をつけなければなりません。その優先順位をつけるときの基準は何でしょうか？ あなたが説明したい順ですか？

(4) 相手の聞きたい順に

それではいけません。聞き手が聞きたい順に選び出すのです。相手が重役なら重役の聞きたい順に選び、相手が一般消費者ならば、消費者の聞きたい順に選び出さないといけません。聞き手の興味が高いものを優先するというのが基準でなければなりません。

その理由はもうおわかりでしょう。「意思決定者は相手」だからということです。これを言い換えますと、「聞き手の立場に立った表現」と言います。また、聞き手の心理に沿った表現とも言えるでしょう。

(5) 言いたいことをグループ化

では、20の特徴を3つのグループに分けるという場合を考えてみましょう。例えばその新商品がスマートフォンだったとしましょう。20の特徴には、「消費電力が少ない」「電池の持ちが長い」「充電時間が短い」などがあるとしますが、それらは例えば「①環境性能が高い（エコ）」というグループに分けられます。それから、「タッチパネルの反応が速い」「画面展開が速い」「メニューが見やすい」などの特徴は、「②操作性が高い」というグループに分けられますね。あとは「たく

さんの音楽がためられる」「たくさんのアプリが ためられる」「たくさんの写真を撮れる」などは 「③容量が大きい」というグループに分けられま すね。

(6) 相手の目線で

このようなグループ分けも、「聞き手の立場に 立った表現（聞き手の心理に沿った表現）」が大 事ですから、この場合消費者の目線で分けること が大事なポイントです。このように、上手な人は 合理的で、重要なポイントを見分けられる人で す。言い換えれば聞き手の心理をよく読んでいる 人です。このような作業は「内容」ではなくて「表 現」なのです。同じ商品の特徴すなわち「内容」 を言うのにも上手と下手とでは「表現」が異なる のです。また、「表現も内容のうち」とも言える でしょう。

9. 人の心をつかむプレゼンテーション

一方で、さらに、同じ特徴を説明するのに、 「上手に相手の共感を得る」という「表現」方法 があります。これも非常に心理学的なものです。

(1) 機械的な説明ではいけない

スマートフォンの例で言いますと、「タッチパネルの反応が速い」「画面展開が速い」「メニューが見やすい」などの特徴は、「②操作性が高い」 というグループですが、それを表すのに、「タッチパネルの反応速度は0コンマ何秒」などと数字を挙げて説明するよりも、先述した社長のように使って見せて説明した方が、「共感」を得やすくはるかに説得力があります。

(2) 相手の共感を得る方が重要

それではもう一度示しましょう。「その社長は スーツではなくカジュアルなスタイルで現れて、 とても大企業の偉い社長とは見えないし、そのよ うなそぶりも見せません。非常にフレンドリーに 笑顔を見せて話しかけ、聞き手に親近感を持たせ ます。それは自分が売り手の社長だと示すのでは なく、むしろ自分は皆さんと同じような、この新 製品を待ちに待っていた1人のユーザーだと言 うことを態度で示しています。そのユーザーが、 この新製品を使ってみると、ほらこのとおり、便 利で使いやすいでしょう、とやって見せるので す。そうすると、それを見た人たちは本当にそう だなと共感してしまうのです」。

(3) 言葉ではなく情感で伝える

この社長は物事を説明するのに、言葉だけで機 械的に説明してはいませんね。服装や表情や態度 も含めて情感たっぷりに説明して共感を呼んでい ます。社長は聞き手を共感させて「人の心をつか んでいる」のです。実は、言葉だけで話すこと をバーバルコミュニケーション（言語コミュニ ケーション）と呼んでいます。そして言葉ではな く、その社長のように服装や表情や態度や声の調 子などのいわば情感で相手に通じさせることをノ ンバーバルコミュニケーション（非言語コミュニ ケーション）と呼びます。

(4) 非言語コミュニケーションで心をつかむ

プレゼンテーションはこのようにバーバルコ ミュニケーションとノンバーバルコミュニケー ションの両方の表現で構成されています。優れた プレゼンテーションをする人（プレゼンター）は このノンバーバルコミュニケーション（非言語コ ミュニケーション）も上手なのです。

そのようなプレゼンテーションは短期間に人の

心をつかむような説得力のある効果的な表現になっているのです。

ちなみに、この非言語コミュニケーションは心理学の大きな研究分野であります。

10. おわりに

このように、プレゼンテーションとは、相手に伝えたいことを、単に伝えるのではなく、うまく「表現」して説得力があり、さらには共感を呼ぶように「効果的に」伝えるというところに一番の特徴があるのです。以上のことから、プレゼンテーションとは「効果的に練られた表現を使う発表や説明」とも言い表すことができるでしょう。

(1) プレゼンテーションの成果の例

最後に、このようなプレゼンテーションの結果、実現したプロジェクトの例として情報化ビルをご紹介しましょう。多少古くなりますが、これは1985年に筆者が企画して、発注者にプレゼンテーションを行い、それでビルの情報化の内容が決定し、実現したプロジェクトです。

このビルは、兵庫県のJR芦屋駅前に1986年10月に完成した約200店舗が入居する商業ビルで、「ラポルテ」という名前がついています（図

図4　JR芦屋駅前商業ビル「ラポルテ」前景（1986年10月）

4）。情報化のコンセプトは「地域の情報センター」で、ビルの中には情報プラザというフロアがあり、芦屋地域のCATVのセンターが入居しており、さらに当時としては珍しいタウンガイドやフロアガイドを行う情報端末や、電子掲示板や館内テレビなどが設置されました（図5）。

(2) まだ無い物をイメージさせた

このときのプレゼンテーションには、図式やイメージイラストを多用しました。それは、まだできていない物を相手に具体的にイメージさせるという点が大事だったからです。ところが、物を作る以前に、まずコンセプトである「ビルの情報化」ということを説得しなければなりませんでし

図5　情報端末・電子掲示板・館内テレビ（1986年10月）

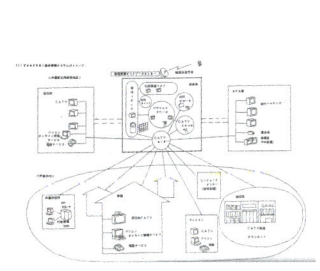

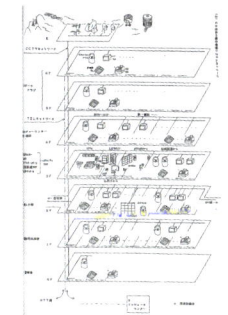

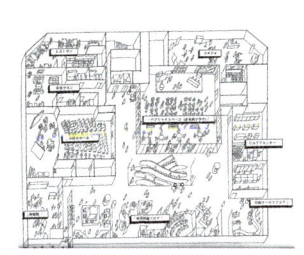

図6　地域の情報化・ビルの情報化イメージイラスト（1985年）

た。当時はインターネットも携帯電話も世間一般にはない時代でしたので、情報化という言葉自体の意味がわかりませんでした。なので、まずは情報化というものがどんなものかを説明しなければならなかった点が大きな理由だったのです（図6）。

このようにして、ビルの情報化ということを説得して、実現に持っていったのです。

参考文献

森脇道子監修／武田秀子編著『ビジネスシリーズ　ビジネスプレゼンテーション』実教出版株式会社、2002

末廣健一著「施設の情報化の事例研究その1 ― 駅前再開発ビルに見る情報化 ―」山陽学園短期大学紀要、2008、pp.43-56.

末廣健一著「集客施設の情報化企画に関する研究その1 ― 駅前再開発ビルに見る情報化とその後についての調査」日本建築学会2008年度大会（中国）学術講演梗概集　建築計画I、2008、pp.313-314.

執筆者プロフィール

末廣　健一（すえひろ　けんいち）

現　　職：山陽学園大学総合人間学部生活心理学科教授

最終学歴：神戸大学大学院工学研究科建築学専攻修士課程修了

学　　位：工学修士

専門分野：建築学（建築計画・都市計画）

主　　著：公益社団法人中国地方総合研究センター編集・発行『中国地域のよみがえる建築遺産 ― 新たな生命を吹き込まれたレトロ建築の魅力 ―』（共著）公益社団法人中国地方総合研究センター、2013

「集客施設の情報化企画に関する研究その4 ― 駅前再開発ビルの事例研究による建築プログラミングの受注段階での有用性の検討 ―」日本建築学会大学学術講演梗概集（北陸）、F-1　都市計画建築社会システム、pp.1423-1424、2010年9月

「施設の情報化の事例研究　その1 ― 駅前再開発ビルに見る情報化 ―」山陽学園短期大学紀要　第39巻、pp.43-56、2008

カロリーを知り己を知れば百食危うからず

カロリーが気になる !?

藤井久美子

> 今からさかのぼって24時間に、何を食べたり飲んだりしたか思い出してみましょう。朝食のみそ汁の中身や、お弁当の材料まで、一瞬にしてすべてが思い浮かんだでしょうか。意外に覚えていなかったりするものです。生きていくために食との関係は切り離すことができない、大切なことなのですが、日常茶飯事と言われるように、まさに毎日のことなので、何気なくとりあえず何かを食べていたりすることも多いかもしれません。また、社会の風潮に流されて、間違った食の選択をしていることもあるかもしれません。この章のお話をきっかけにして、心身にかかわる食の重要性のいろいろを知ってほしいと思います。

1. はじめに

　私たちは生きていくために毎日食べています。生活費が困窮することを「食べていけない」とか「食いつめる」と言います。生計を立てること、生活していくことが「食」の言葉で言い表されるように、食べることは生活の根幹であります。それゆえ、私たちの食行動は生命維持のためといった身体的な理由からだけでなく、心の動きにもかかわっています。

　「食について知りたいことは？」と授業で尋ねると、「バランス」「カロリー[1)]」「健康な食事」が多く返ってきます。健康的で美しい身体のために、食物の成分について、特に含まれる量（＝数値）に関心が高いようです。その背景には、痩せ型が美しいとされるイメージや、メタボリックシンドロームへの意識が働いているのでしょう。

　このような自分の身体への意識も、実は他者を意識しているために生じていたりします。

　また人にとって食は、誰かとともに食べる共食が基本形であり、食べる人同士の、あるいは作る人と食べる人のコミュニケーションを通して、人間関係を築き深めていきます。毎日の食事の場面で、人は自分以外の多数の人とともに生き、生かされていることを学んでいます。それは幼いころからずっと、知らず知らずのうちに心の中に育ち、やがて次の世代へとつながっていくべきものと思います。しかし現在は食物の数字にとらわれて、食と心の関わりが忘れられがちのようです。

　ここでは「カロリー」が気になるダイエット、食物のおいしさと味覚や食欲などを取り上げて、食の科学と心についてお話しします。

2. ダイエット

ダイエット[2] はみんなが気になるところでしょうか。今や小学生も、女子では低学年からこの言葉を口にするようです。

身長と体重の比率を表す体格指数としてBMIの数値が用いられます。

$$\text{BMI} = \frac{体重（kg）}{身長^2（m）}$$

適正範囲は 18.5 以上 25 未満で、18.5 未満は低体重、25 以上は過体重です。皆さんの数値はいかがでしょうか。ダイエットと言ってエネルギー摂取量を減らす必要がある人は少ないのではないでしょうか。

平成 20 年国民健康・栄養調査の結果では、30 ～ 60 歳代の男子で 3 人に 1 人は肥満傾向で、メ

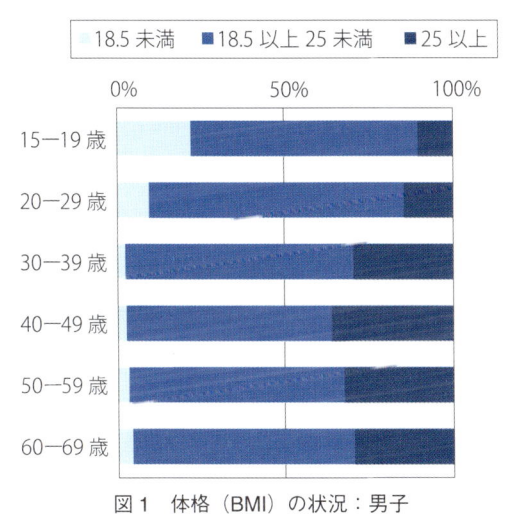

図1 体格（BMI）の状況：男子
出典：e-Stat 政府統計の総合窓口統計表一覧「平成 21 年国民健康・栄養調査」より作成

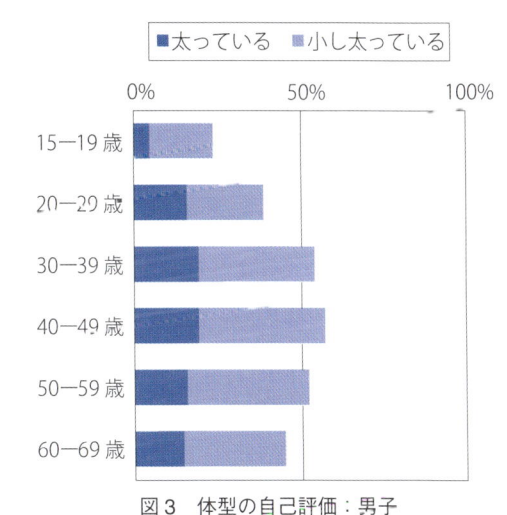

図3 体型の自己評価：男子
出典：e-Stat 政府統計の総合窓口統計表一覧「平成 21 年国民健康・栄養調査」より作成

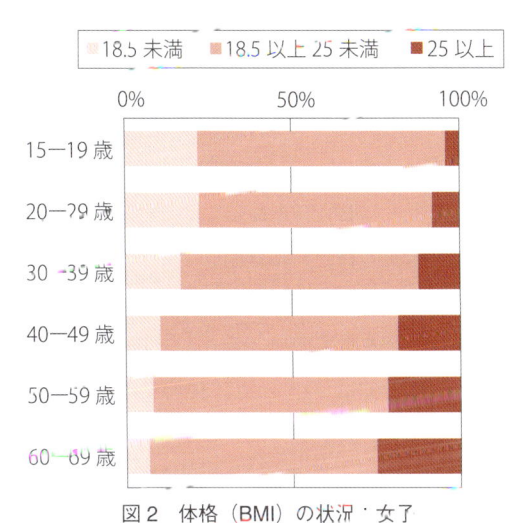

図2 体格（BMI）の状況：女子
出典：e-Stat 政府統計の総合窓口統計表一覧「平成 21 年国民健康・栄養調査」より作成

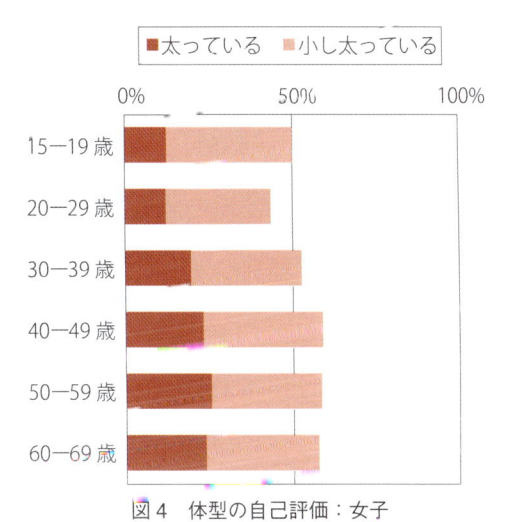

図4 体型の自己評価：女子
出典：e-Stat 政府統計の総合窓口統計表一覧「平成 21 年国民健康・栄養調査」より作成

タボリックシンドロームの予備軍として問題視されています。また、平成21年国民健康・栄養調査の結果によると、15～19歳ではBMIが25以上の人は男子で10.1%、女子では3.8%です（図1, 2）。

体型の自己評価（図3, 4）は、現実よりも太っているように受け止めている傾向があります。特に女子の低年齢層で過体重の人は10%ほどなのに、約半数の人が太っていると思っています。

女子では、体重を減らす必要はない人たちが「ダイエット」に走っていて、栄養バランスの崩れや低体重の害が心配されます。それは貧血や骨粗しょう症、また低体重児の出生へとつながっていくからです。

「太っている、少し太っている」と意識する理由（表1）は、「他の人と比べて」が最も多いのですが、BMIの分布から適正範囲の人が数多く存在しているのに、誰と比べているのでしょうか？

表1 「太っている」「少し太っている」と思う理由（%）

	15～19歳 男子	15～19歳 女子	20～29歳 男子	20～29歳 女子
他の人と比べて	52.1	51.1	31.8	45.7
過去の自分と比べて	33.3	30.4	49.3	34.9
家族や友人に言われて	25.0	17.4	24.3	18.9
身長や体重、体脂肪などから	29.2	16.3	31.1	37.7
健康診断や病院で指摘	2.1	5.4	14.2	6.9
なんとなく	16.7	19.6	16.9	16.0

不必要なやせ願望について、食心理学の研究からは、心理的な体型知覚の修正や、やせが必ずしも外見的魅力ではないという認知シフトが必要であり、自己の体型評価に対する認知の歪みを正すことが大切とされています。

特に成長期で不必要な体重減少を目指すと、いろいろな栄養素が不足して、将来にわたって身体に悪影響を及ぼします。たとえばカルシウムは、日本人の平均摂取量では不足している上に、食事量を減らすと、カルシウムの体内への吸収に関わるビタミン摂取量も少なくなるのですから、骨密度が低下してしまいます。

近年、亜鉛不足の問題も浮上しています。亜鉛は体たんぱくの合成や、味覚を正常に保つことに関わっています。ダイエットのためご飯（米飯）の摂取を減らしてしまうと、亜鉛不足に影響を及ぼし、成長期では発育遅延に、また味覚異常になります。味覚が鈍くなり、濃い味付けを求めるようになり生活習慣病[3]へ。そして日本の食の繊細な味やおいしさはわからなくなります。

また、エネルギー摂取を減らすという口実で朝食を抜くと、肥満を招きます。これは「時間栄養学」の考え方で、食事のタイミングが肥満に関係するということです。さらに脳はエネルギー不足から働きが低下、勉強も仕事も不振になります。食物は体内時計に働きかけて生活リズムの形成に寄与しています。つまり、朝食をしっかり食べることが、体内時計をリセット（1日を開始）し、肥満防止になることがわかっています。

食心理学からも、摂食の抑制は過食、自己効力感や自尊感情の低下など心身に好ましくない影響があるとされています。

健康体重はBMIが22となる場合です。この時、疾病率（病気になる比率）が最も低くなることから定められている値です。減量を目指しても、その限度はBMI 22としてほしいです。

また、肥満の判定には体脂肪率の数値も用いられます（図5）。家庭で簡易的に測定できる機器もいろいろありますので、皆さんも知っているでしょう。男子では20%以上、女子では30%以上だと体脂肪率が標準より高いとされます。

いわゆる「隠れ肥満」とは、BMI値は適正範囲にあるが、体脂肪率が高い場合を指しています。肥満とは、必要以上に体脂肪が蓄積された状

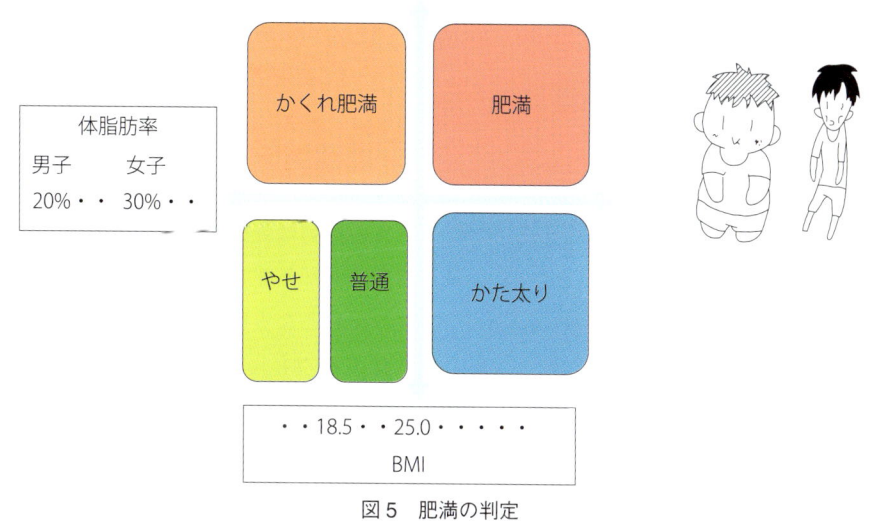

図5　肥満の判定
出典：オムロン体脂肪計添付資料「体脂肪チェックで健康管理」より

態です。

体脂肪の過剰を防ぐには運動の効果が考えられますが、運動には食欲増進効果もあります。心身両面から総合的に考えると、健康的な体重、体型をイメージするとともに、食欲を抑えるのではなく、やはり食物を正しく選択し、取り揃えることが大切です。その理にかなった日本式食事スタイルを次に紹介します。

3. 日本型食事のバランス

世界が理想とするPFCバランス[4]の食べ方が日本型の食事形式です。

「一汁三菜」という言葉を知っていますか。

1回の食事を構成する食物には、それぞれポジションと役割があります（図6）。ご飯とおかず、言い換えると主食と副食です。その副食の内訳が、一汁三菜（一つの汁と三つのおかず）です。副食の中でメインとなるものが主菜、その次が副菜（汁も副菜の一つ）、さらに副々菜と呼ばれます。

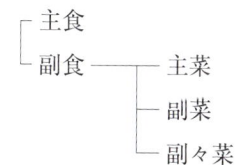

```
┌ 主食
└ 副食 ┬ 主菜
       ├ 副菜
       └ 副々菜
```

この一汁三菜で摂取するべきものを取り揃えると、バランスよく食べることができます。この日本型の食事形式が、世界から注目される理想的なPFCバランスを作っているのです。

ここで気をつけたいのは、主食の存在です。一汁三菜の言葉に含まれていないのは、あって当たり前だからです。食事の中で主たる部分を占めるので主食と呼ばれるのですが、近年、特に若い世代ではこの意識が薄くなっています。「主食」を知っていましたか？　ダイエットの誤解から、また食事の洋風化から、主食の摂取量は減少しています。その分、肉のおかず、油を使った料理の摂取が増加し、PFCバランスを崩していくことになります。

日本人の主食として重要な米の消費量は、40年ほど前に比べて半減しています。米は唯一自給できる食料です。アレルギーの心配もなく、地産地消の視点からも、しっかり活用したいもので

たんぱく質
魚介類、肉類、卵、
大豆・大豆製品

ビタミン、ミネラル

果実、
牛乳・乳製品

炭水化物
穀類

ビタミン、ミネラル
野菜、きのこ、海藻、
いも、豆

図6　一汁三菜

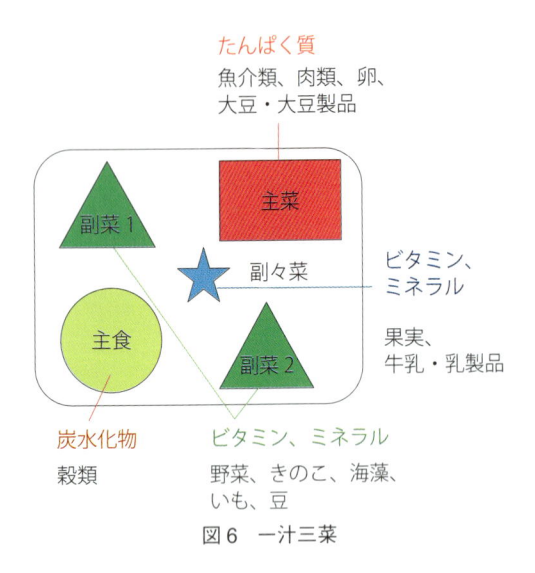

す。

　毎回の食事で一汁三菜を整えるのは難しく、考えるのは面倒だと思うでしょう。でも、2回分の野菜を一度に食べるとか、昨日の不足分も合わせて摂るよりも、毎回できるだけこの組み合わせを心がける方が簡単だと思います。

4. 食欲のしくみ

　食べる行動を起こす食欲は、どのようにして生じるのでしょうか。1つには、体が栄養素の不足を感知して、その補給をさせるために空腹感を生じさせ、食べる行動を起こさせます。間脳視床下部の摂食中枢が、血液中のブドウ糖濃度が低くなったことを感知して、食欲をわかせています。食事により血糖値が上昇すると、満腹中枢が作用し、私たちは「おなかいっぱい、満腹」と感じて食べるのをやめます。

　しかし、いろいろ食べておなかいっぱいと思っていても、デザートが出てくるとぺろりと食べます。別腹と言われますよね。これは、「おいしい」と感じることによって「快」を得たいという心の動きによって食べると言えます。「甘味」はエネルギー源の糖であり、「快」が得られます。

　おなかがいっぱいでも、さらに食べたかったり、空腹なのに食べたくなかったりするように、食欲には、体と物質との関係だけではなく、こころの動きも関わっています。先に述べましたが、摂食の抑制は脱抑制としての過食を招きやすく、さらにネガティブな感情を誘発し、ストレス誘発性の摂食となる危険性があります。「快」のために食べるのも良いのですが、度を過ぎてやけ食い、やけ酒といったストレスの捌け口にしないように要注意です。

5. 抗ストレスの食

　「ストレス」は小学生も口にする言葉になっています。心理的なもの、人間関係に関するもののイメージが大きいですが、暑さ寒さや騒音など物理的要因、ウイルスや細菌など生物学的要因など多様です。

　ストレスを受けると体はエネルギーを消耗し、体たん白質は分解されます。したがって食物から、たん白質、ビタミンA、B群、Cなどを補給しなければなりません。ビタミンCは免疫力、抵抗力を高める働きがあります。風邪の予防にみかんや柿が勧められるのも、ウイルスのストレスに対抗するためですね。また、精神的な安定のためにはカルシウムが作用します。

　栄養素の摂取とともに、楽しく食べることも大切です。

カロリーが気になる⁉

疲れた心や体を癒してくれる食物がありますか。少し前にはロールケーキが癒し系と言われていました。人それぞれあるようですが、柔らかいもの、甘いものでしょうか。自分にとっての何かを知っておくのも、ストレスに負けない1つの手だてと思います。これを誰かが自分のために用意してくれたら、その心、ホスピタリティも加わってとても癒されます。食物にはそんな力もあるわけです。

近年、外食や中食[5]の消費支出は増大し、家庭での調理は消失していっています。加工食品も豊富で、食材から作らなくても簡単に食事を用意できます。しかし、加工食品の多用はリンの過剰摂取につながり、不足しがちなカルシウムや亜鉛の体内への吸収を阻害します。

家庭の調理力の低下は、健康に影響を及ぼします。それは体も心もです。思いやる心で作り、思われている心で食べる。そのことが、共に支え合って生きていくという大切なことを教えてくれます。

食べものを作ることは生きる力の1つです。やりたいこと（学びも遊びも仕事も）ができて、なりたい自分になる。そのために自分の食をマネジメントして、体も心も元気でいたいですね。そして誰かのために、その力を生かしてほしいです。

6. おいしさの科学

「おいしいものを食べたい」と言いますが、おいしさの正体は何でしょうか。「味付け」や「素材の味」といった甘味や塩味が思い浮かんだでしょうか。このような味覚もおいしさの要因の1つですが、他にもさまざまな要因があります。香り（これを感じるのは嗅覚ですね）、温度、テクスチャー[6]（触覚）、外観（視覚）、音（聴覚）などは食物がもつ要因であり、私たちは五感を総動員して味わっています。

一方、味わう人の要因もあります。それは心理的・生理的なもの、食習慣や食文化の特性、食べる環境などで、この違いによりおいしさは変わってきます。たとえば、同じ食物を食べても、好きな仲間と一緒に食べる時と、落ち込んだ気分で1人食べる時とでは、おいしさの感じ方は違います。その他、体の調子も影響しますし、人によって嗜好の違いもあります。

このように「おいしさ」は、食物のもつ成分や物性の要因と、食べる人の要因が総合されているものです。

また味覚は栄養素と関連していて（図7）、私たちは体に足りない栄養素を嗜好し、摂取するようになっています。甘味の成分は糖であり、これはエネルギー源です。疲れた時、つまり体内のエネルギーを使って不足になった時、甘いものが欲しくなりますよね。体がエネルギーを要求して、食べる行動を生じさせています。甘味は「快」と判断され、摂食を進めるために食欲が発生します。

酸味の成分は有機酸・無機酸類であり、これは腐敗の危険を知らせるので、赤ちゃんは酸っぱいものを嫌います。成長につれて、酸っぱいものでも安全なものもあると学習できると、食べられる

73

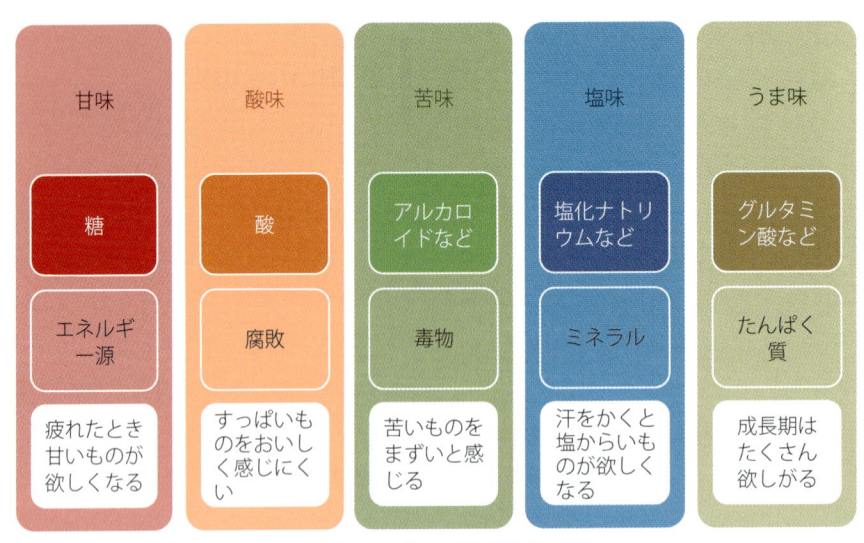

甘味	酸味	苦味	塩味	うま味
糖	酸	アルカロイドなど	塩化ナトリウムなど	グルタミン酸など
エネルギー源	腐敗	毒物	ミネラル	たんぱく質
疲れたとき甘いものが欲しくなる	すっぱいものをおいしく感じにくい	苦いものをまずいと感じる	汗をかくと塩からいものが欲しくなる	成長期はたくさん欲しがる

図7 味覚と栄養の関係
出典：冨安郁子他「調理学」より作成

ようになります。その味の体験が蓄積されていくと、おいしいと感じられるようになります。味覚の発達です。

同様に苦味（にがみ）も毒物の危険信号として、おいしくないと感じられます。子どもたちが嫌いなピーマン、皆さんの中にも嫌いな人がいるでしょう。

筆者も高校生のころまでは嫌いでした。大学生になり、自炊を始めて、嫌いなピーマンは買わないし食べていませんでした。ある時、友人が「週末休みに実家へ帰るので、冷蔵庫に残っている野菜をもらってほしい」と言って、渡された野菜の中にピーマンがありました。「うわ、ピーマンだ。どうしよう…」と思いました。せっかく友人が届けてくれたものを捨てることはできなかったので、調理する決心をしました。祖母が作っていた記憶を思い起こし、細く刻んで油でしっかり炒めて、みりんと醤油でちょっと濃いめの味をつけました。ほんの少しつまんで食べると、「おいしい！」と感じられ、それ以来、しばらくの間はピーマンを常備して食べ続けました。

近年の研究では、苦味を味わった時に、甘味の場合と同様に、脳内の快感物質であるドーパミンが分泌されると言われています。苦味は毒物の信号であり、不快と感じる仕組みがあるのですが、同時に私たちの体はこの不快を打ち消そう、和らげようとしてドーパミンを分泌するそうです。それで苦いものもおいしいと感じます。

味覚の「快」「不快」は、過去の味覚情報、味の記憶により判断されます。したがって食べたことがないものは、「不快」、まずいと感じてしまう割合が高くなる傾向があります。

苦いものもおいしいと感じられる年齢になっていたことと、幼い頃、祖母の調理を見ていたことで、ピーマンを食べられるようになったのでしょう。

塩味の成分は塩類（NaCl塩化ナトリウム、

KCl塩化カリウムなど）で、汗をかくと塩辛いものが欲しくなるように、ミネラルの摂取と関連しています。

日本料理のだしの味は「うま味」と呼ばれ、その正体はアミノ酸・核酸で、たんぱく質を構成しているものです。たんぱく質は体の構成要素（筋肉や臓器を作る材料）ですから、体組織を大きくしていく成長期にはしっかり必要です。成長期の子どもは、たんぱく質の供給源である魚、肉、卵などが好きで、大人並みに食べますし、赤ちゃんにうま味液をなめさせると、甘味の場合と同じく嬉しい顔になります。うま味は英語表記で「UMAMI」として世界に通用する味です。

赤ちゃんの頃、初めて一さじのお粥を食べさせてもらったところから、毎日少しずつ食物の量と種類を増やしてもらって、いろいろなものを食べることができ、おいしいと感じることができるようになったのです。幼い頃から、家の中で調理される香りや音も一緒に味わっているのです。

食べることは毎日、しかも1日に何度もですから、それを作って用意することは大変な労力です。その繰り返しの中で、家族の一員としての人間関係が築かれたのです。安全な食物をおいしく与えられ、やがて食事の作業に関わるようになる。食の場面を通して、自尊感情、自己効力感を高め、1人で生きているのではないことを学んできたのです。そうやって大切に育まれたことにも、ちょっと気付いてもらって、自分の食を大切に考えるきっかけにしてほしいです。

そして次には、あなたが家族や仲間のために作ってあげることに結びつくと良いですね。

7. おわりに

人が生きていく上で食との関係は切り離せないものです。食物は私たちの体にも心にも栄養となっています。健康志向、ダイエット志向などから、食物の成分やエネルギーの数値に関心が高い現状ですが、食物が人と人との関係をつなぐ役を果たしていることも、忘れないでいてほしいです。

疲れた体や、折れた心を癒してくれる食があります。それは、誰かがあなたのために用意してくれた食物から得られる力かもしれません。あなたが誰かのために入れた1杯のお茶も、その役を果たしているかもしれません。

食物は食べれば消えてしまい、後に形が残りません。服や住まいのように長く残るものに比べると、儚いものです。それでも思いを込めて作ることは、きっと人の心に生き続けてくれると思います。

注
1) 一般によく使われている「カロリー」という言葉を書きましたが、本来これは「エネルギー」です。つまり「カロリーが高い、低い」ではなく、「エネルギーが高い、低い」が正しい表現です。カロリーはエネルギー（＝

熱量)の単位ですから、「体重が増えた」を「kgが増えた」と言っているようなものです。ここから先は「エネルギー」を使います。
2) 「ダイエット」diet という言葉の本来の意味は治療食、健康な体のための食事を指しています。
3) 生活習慣病は文字通り、食事や活動などの生活習慣により発症する疾病です。がん、糖尿病、脂質異常症、高血圧、肥満など。中高年の病気ではなく、発症は低年齢化しています。小学生でも発症あるいは予備軍(病気と判定される域の手前)が増加しています。
4) 私たちは、食物に含まれるP：たんぱく質、F：脂肪、C：炭水化物からエネルギーを得ています。脂肪エネルギー比率の目標は、20～40歳代で25％以下とされています。平成20年の調査結果では、20歳代の男子で約6割、女子で約7割がこれを上回っていました。
5) 「中食」は「なかしょく」と読みます。家庭外で調理、加工された食品を購入して食べる食事形態です。
6) 「テクスチャー」は食物の物性のことで、食感とも言われます。食物の硬さ、粘り、弾力など口中で触れる感覚。日本語ではこの食感を表現する「テクスチャー用語」が多く、それだけ日本人は食感に敏感と言われています。食感の好みは時代により変化しており、近年では「もっちり、もちもち」や「ゆるゆる」が流行りのようです。

参考文献

冨安郁子著／大野佳美・冨安郁子・和辻敏子「調理と味」『調理学』理工学社、1995、p.3.

加藤秀夫・三好康之・鈴木公・和泉公美子著「食生活と調理」『まるごと学ぶ 食生活と健康づくり』1999、p.70.

「国民健康・栄養の現状 — 平成20年厚生労働省国民健康・栄養調査報告より — 」第一出版、2011

e-Stat 政府統計の総合窓口：統計表一覧「平成21年国民健康・栄養調査」

田淵英一著「食事と脳の関係」美味技術学会誌、11 (1)、2012、pp.98-103.

小川雄二編著「子どもの発育・発達と栄養生理」『子どもの食と栄養演習』建帛社、2011、pp.53-55.

吉田俊秀監修「体脂肪チェックで健康管理」オムロン体脂肪計添付資料

柴田重信著「時間栄養学の現状とこれからのくらし90」日本家政学会誌、63 (6)、2012、pp.337-341.

今田純雄編『食べることの心理学 食べる、食べない、好き、嫌い』有斐閣選書、2005、pp.12-15, 187-196.

福田靖子編著「食育の現状と課題」『食育入門 — 豊かな心と食事観の形成 — 』建帛社、2005、pp.15-81.

イラスト：山本さやか(山陽学園大学総合人間学部生活心理学科1年)

執筆者プロフィール

藤井 久美子(ふじい くみこ)

現　　　職：山陽学園大学総合人間学部生活心理学科講師

最終学歴：岡山大学大学院環境学研究科博士後期課程修了

学　　　位：博士(学術)

専門分野：食物学

主　　　著：「衝撃式粉砕法による米粉の製パン性に関する検討 — 米粉粒度と焙炉・焼成工程が品質に及ぼす影響 — 」美味技術学会誌11 (1)、2012、pp.29-37

「衝撃式粉砕法による米粉の製パン性に関する検討 — 米粉粒度と生地発酵工程が生地膨張に及ぼす影響 — 」美味技術学会誌11 (1)、2012、pp.20-28

「衝撃式粉砕法による米粉の製パン性に関する検討 — 米粉粒度と生地調整条件が生地膨張に及ぼす影響 — 」美味技術研究会誌18、2011、pp.19-27

原始人からガガ様まで

あなたはファッションに何を求めますか

隈元美貴子

みなさんは、「どうして服を着ているの？」と聞かれたら、何と答えますか。「裸じゃ恥ずかしいから」とか「裸じゃ寒いから」などと、そんな答えが返ってきそうですね。しかし、それが質問の答えのすべてなら、「今日は何を着ようかなあ」「どれが似合うかなあ」「着ていく服がない、どうしよう」などと悩む必要はないでしょう。いったい、私たちは被服になにを求めているのでしょうか。日常に埋もれてしまっている被服との付き合い方を、もう一度考えてみましょう。これを読めば、明日からの服選びが楽しくなりますよ！

1. はじめに

さて、いわゆるセンスのいい人になりたいと思っている人は多いと思います。みなさんは、友達から「センスがいいね」「その服どこで買ったの？」などと言われると、ちょっと優越感を感じませんか。だからでしょうか、古今東西、老若男女を問わず、ファッションが人を虜にしてきたのは。あなたも、きっと、そんな虜になった一人かもしれませんね。普段から、街やインターネット、テレビ、雑誌で、ファッションに関する情報を集めていることでしょう。そして、毎日の服選びでは、朝起きて、窓を開け、空を見上げて、「今日は晴れているのかな、雨降りなのかな、暖かいのかな、寒いのかな」と天候を確認し、そして、誰に会うのか、どこに行くのか、そこはどんな雰囲気のところなのかと、あれこれ考えていることでしょう。

ただ、なぜか、なかなか満足いくファッションは見つかりませんよね。朝、あれだけ悩んだのに、結局、着ていく服がないとあきらめ、いつもと同じ、代わり映えのしない服を着て出かけたこともあるのではないでしょうか。そんな日は、なんとなくつまらなかったりしませんか。逆に、新しい服を着た時は、「可愛いね」と、誰かに言ってもらえるのではないかと、ドキドキしたこともあるでしょう。服一枚でこんなに気分が変わるな

> **コラム１　ペットを飼う人の性格は？**
>
> 服選びとちょっと離れますが、ペットに愛着がある人は、どんな性格の人が多いでしょうか。ある研究者が、ペットを飼っている人の性格を、エゴグラム（性格検査の１つ）を使って調べたところ、Nurturing Parent（NP）の値が大きかったそうです。NPとは、母親の役割を担う養育的な面の指標です。相手に対して温かく接し、よく話を聞いて、やさしい言葉をかけ、非常に愛情深いといった特徴があるそうです。ですから、ペットの服選びをする時も、「犬の服だから、何でもいいや」とは思わずに、子どもや自分の服を選ぶように、真剣に考えるのです。

んて不思議ですよね。ですから、新しい服を買おうとショップへ向かっている時は、期待感で胸が膨らみ、その足取りも軽いですよね。しかし、現実はなかなか難しく、ここでも、たくさんの洋服を目の前にすると、あれこれ目移りしてしまい、結局、買わずに帰ってきた経験があるのではないですか。

いったい私たちは被服に何を求め、何を期待しているのでしょうか。そこで、この稿では、ある夫婦の"ペットの服選び"（コラム1参照）の話をしながら、私たちが服選びの際に考えていることを整理し、明日からのみなさんの服選びに役立つアドバイスをしていきたいと思います。

2. ケリーちゃんの服選び

岡山市在住のご夫婦と一緒に住んでいるトイプードルのケリーちゃん（3歳）のお話です。ご夫婦は、長男は独立、長女は東京で勉学に励んでいるため、ケリーちゃんと3人（2人と1匹）暮らしです。冬も本格的になってきたある日の散歩途中、お父さんは「今年も寒くなってきたな、ボーナスも出たことだし、ケリーに服を買ってやらなきゃいかんなあ」と思い、さっそく、その日の午後、お母さんと近くのペットショップにやってきました。商品棚には可愛い系からカッコいい系まで、たくさんの服がギッシリと並べられています。

お父さん	寒くなければ何でもいいんだぞ。
お母さん	そうなの？！
お父さん	あ、でも、ケリーは散歩途中、木立に飛び込んで、体に傷をつけるから、袖があるやつがいいかな。
お母さん	はいはい。 （商品棚をみながら）
お母さん	あ、これはよっちゃん家のレオンちゃんが着ていた服だわ。あ、これはつとむ君家のななみちゃんのと同じだわ。ケリーちゃんも服を着たら、みんなの仲間入りね（ニコニコ）。
お父さん	まだか〜。
お母さん	もうすこし〜。 （商品を手に取りながら）
お母さん	これかわいいじゃない。あ、でも、公園で、これを着ているワンちゃんを見たなあ。同じじゃねえ。ケリーちゃんだけが着ていて、かわいく見えるのがいいなあ。こっちかなあ、それともこっちかなあ。
お父さん	まだかー。
お母さん	まだー。 （購入後、家に帰ってきて、早速ケリーちゃんに服を着せて）
お父さん	お、いいのかってもらったな（ニコニコ顔で）。
お母さん	でしょー、かわいいでしょー（ニコニコ顔で）。

ケリーちゃん

小怪獣かよ、オイ！
by. ケリー

さて、いかがだったでしょうか？ご夫婦のケリーちゃんの服選びの一場面でしたが、実は、この中に、私たちの服選びの"基準"が4つ隠されていました。お分かりになりましたか。"基準"なんて言葉を使うと難しく感じるかもしれませんね。簡単に言うと、服に対して何を求めているかなんです。つまり、服に対する"欲求"です。ご夫婦はケリーちゃんの服にいったい何を求めたのでしょうか。ご夫婦の気持ちを考えながら、服選びの基準を一緒に見つけていきましょう。

基準1「寒くなければ」ほど重要なものはない

ケリーちゃんの服を購入する時、「寒くなければ何でもいいんだぞ」というお父さんのセリフがありました。ご夫婦が、真冬の寒空の下、愛犬を散歩させる時に、「さぞかし寒かろう」「少しでも暖かい格好をさせてやろう」という想いから、無意識にでたセリフだと思います。実際は、犬にかぎらず、多くの動物は、体表面を長い毛で覆われているため、服を着なくても、寒さをしのぐことができます。しかし、人間はそうはいきません。進化の過程で、体毛が退化したため、真冬に裸のままでは、命に関わります。死にたくはないですよね。これは人間の"生への欲求"です。これはもっとも本能的な欲求であり、被服誕生の理由もここにあります。そう考えると、人間と被服の関わりの歴史は古くからありそうです（コラム2参照）。

よって、このことから服選びの**基準1は「いかに命を守ることができるか」**です。とりわけ、寒さから身を守ることができるかが重要です（世界的にみれば、暑さから身を守るための被服もありますが）。近代以降、繊維化学の進歩により、薄手で保温性の高い素材が次々と開発され、被服として販売されてきました。新製品が出されるたびに、それは流行となって、我先にと買い求めてきました。最近では、吸湿発熱繊維（ヒートテック®やボディヒーター®といったほうが分かりやすいですかね）でできた被服が爆発的に売れたのは記憶に新しいところです。こうした歴史や社会現象をふり返って見ると、私たちの服選びの基準が、寒さからどれだけ身を守るかというところにあることを気づかせてくれます。

余談ですが、昨今、おしゃれ（審美的な面）を重視するがあまり、寒いのは我慢という人も多いようです（笑）。

コラム2　人間と被服との付き合いは長い

服を着るという慣習は、いつ頃から始まったのでしょう。その答えを探そうとすると、すぐに壁にぶつかってしまいます。なぜなら、動物の皮や植物の繊維から作られていた被服は、土器や石器と違って、長い間（数万年から数十万年）形をとどめることができないため、現在まで残っていないからです。ですから、50万年前（前期旧石器時代）のピテカントロプスが服を着ていたかどうかは分かりません。

最も古い物的証拠はドイツのデュッセルドルフ近郊で発見されました。10万から5万年前（中期旧石器時代）のネアンデルタール人の埋葬地から、衣服の一部と思われる動物の皮が見つかったのです。同時代の毛皮と皮革は、ロシアでも発見されています。9歳と12歳くらいの2人の少年の遺体とともに、皮のズボンとシャツ、ビーズや毛皮で裏打ちされたブーツが発掘されたのです。このことから、人間と被服との付き合いの始まりは、中期旧石器時代以前といわれています。

基準2「袖がある」は寒さを防ぐためだけ？

「♪イ〜〜ヌは喜び、庭かけ回り、ネ〜コはこたつで丸くなる♪」と歌にあるように、ケリーちゃんも、寒さに負けず飛び跳ねているようです。ただし、元気がありすぎるのも考えもので、散歩途中で木立の中に飛び込んでしまうようです。すると、引っかき傷でもできるのでしょうか。お父さんが心配して、袖がある服と注文をつけていましたね。

さて、私たちの中で木立に飛び込む人はいないでしょうが、日々の生活の中に危険はつきものですよね。例えば、みなさん、天ぷらを揚げたことはありますか。わざわざ、油に手を突っ込む人はいなくても、予期せず油がはねて、「アツッ」となったことがありますよね。また、草とりを頼まれて、庭に出た瞬間に蚊に刺されてしまったこともあるでしょう。さて、みなさんは、ここで例に挙げた2つの危険から身を守るために、何か対策をしたことがありますか。いろいろ試したことがあるとは思いますが、結局、最も簡単で効果的なのは、長袖のシャツを羽織るということだったのではないでしょうか。

危険は家の中だけではありません。一歩外に出れば、日差しに多く含まれる紫外線（UV）から肌を守らなければなりません。また、外出すると、どうしても行動量が増えるために、怪我の可能性も高まります。だから、アウトドアの達人たちは、真夏でも長そでで長ズボンです。これは紫外線から身を守る意味もありますが、行動するがゆえに、引っかけたり、転んだりする可能性があり、怪我から身を守るためでもあるそうです。これは、特殊な例かもしれませんが、工事現場を想像してみてください。そこで働いている人たちは、ヘルメットをかぶり、夏でも長そでのシャツを着て、長ズボンを履いています。靴は厚手の安全靴をはいています。被服で安全性を高めているいい例です。

よって、服選びの**基準2**は「**いかに体を保護できるか**」です。もっといえば、体を保護して、いかに安全・安心を手に入れられるかです。これも基準1の"命を守る"と同様に、人間の本能的な欲求です。基準1と基準2を合わせて"**一次的欲求**"とも言います。最近、若い人の間で、アウトドアファッションが流行っています（図1）。「どこがいいの」と学生に聞いてみると、「デザインがかっこいいから」と一番に返ってきますが、続けざまに、「撥水性で水をはじくから、雨でも大丈夫なんです」「UVカット機能も付いているんです」などと機能に関する答えが返ってきます。「ほー」と思わず、今の若い人たちの安全意識の高さに驚かされるとともに、「被服に安全性を求めているいい例だな」と実感させてくれます。

では、基準1と基準2を合わせた一次的欲求を満たすために、実際の服選びや着こなしは、どのようなところに気をとめておけばいいのでしょうか。ごく一部ですが紹介したいと思います。まず、冬の寒さから身を守るためには、アウターで

図1　アウトドアファッションの例

はなく、インナーを一枚増やしてください。そうすれば、保温力がアップし、さらに、スマートにおしゃれが楽しめます。そして、保温力があり発汗作用に富んだ素材の下着を選びましょう。また、首周りを温かくすることで身体の温度を保つことができます。最近は、特に、首元を保護するアイテムが充実しているようです。スカーフ・ショール・ポンチョなどが色とりどりあり、大きさもいろいろあってかなり寒さをカバーしてくれ、しかも、おしゃれに見えます（図2）。

次に、夏は暑いからと言ってインナーを着ないのはナンセンスです。汗を吸ってくれるインナーを着ましょう。素材は、吸湿性に富んだ、清涼感のあるものを選びましょう。汗をそのままにしておくと、汗疹が出たりすることがあるので気をつけましょう。また、紫外線防止のため、長袖の上着をはおりましょう。素材は紫外線を通しにくい、地の目が詰まった服を選ぶといいですよ。地の目が粗いと紫外線を通すのであまり効果がないようです。また、紫外線を通しにくい色は黒ですが、100％カットというわけにはいかないようです。ところで、保護してくれるといえば、究極の保護服である宇宙服はいったいどうなっているのでしょう？（コラム3参照）

基準3　みんなと同じが安心？

お母さんが、ほかの家のワンちゃんが着ている服を見つけ、それを見ながら、「クリーちゃんも服を着たら、みんなの仲間入りね」と口にするシーンがありました。このセリフにはどんな意味があるのでしょう。おそらく、愛犬に服を着せることで、近所の服を着ているワンちゃんたちの「仲間入りをさせてやりたい」という意味だったのではないでしょうか。みなさんはこのお母さんの気持ちを想像できるでしょうか。親心ですよね。わが子ならぬ、わが"犬"の「みんなと同じ格好をしたい（ワン）」「みんなの仲間になりたい（ワン）」という気持ちをかなえさせてやりたいと思ったのでしょう。

さて、みなさんも、これまでに、友達の着ている服を見て、「○○ちゃんもこれと同じ服を着ているの、だから、買って」と、お母さんにおねだりしたことがあるのではないでしょうか。他にも、「この服を着てないと恥ずかしいよ」「これ着てないと仲間外れになっちゃうよ」などと言ったことがあるのではないでしょうか。こうしたセリフをよく見てみると、服自体を欲しがっているというより、"人と関わりたい""人と同じでいたい""仲間と一緒にいたい"ということが本当の望みのように思えますね。ここでは、被服は、こうした望みを叶えるためのツールといってもいいで

図2　首元を温めるアイテムの例

81

コラム3　究極の保護服 — 宇宙服 —

　宇宙服（船外活動ユニット）は、宇宙飛行士が国際宇宙ステーションやスペースシャトルなどの宇宙船の外に出て作業をするときに着用します。宇宙の真空状態や熱環境、宇宙塵といった厳しい宇宙環境から宇宙飛行士の身体を守ってくれる、まさに「小さな宇宙船」です。

　宇宙服は、冷却下着の3層、および気密を保つ2層と宇宙環境からの保護を目的とした9層の、全部で14層の生地で構成されており、ナイロン、ダクロン、アルミ蒸着マイラー（ポリエステルフィルム層）、ゴアテックス／ノーメックスなどの素材が使われています。

　その優れた断熱性や耐水性、透水性により、ゴアテックス素材は、私たちが、日常使っている衣類にもたくさん利用されています。例えば、スキーウェア、レインウェア、靴など、アウトドア用品、また消防士の衣類などさまざまな場面で用いられています。

出典：JAXA（宇宙航空研究開発機構）ホームページより（http://www.jaxa.jp/）

しょう（コラム4参照）。

　以上のことから、服選びの**基準3は「いかに、その被服が、人との関わりを作り、仲間意識を持たせてくれるか」**です。この基準3は、自分の命や身体を守ることを重視した基準1や基準2と、大きく異なる点があります。基準1、2は、自分と被服との関係でしたが、基準3は、自分と被服、そして、他者との三者間の関係になります。ですから、前者を一次的欲求としたのに対し、後者を**"二次的欲求"**として位置付け、**"社会的欲求"**という言い方をする場合もあります。

　それでは、実際の服選びで、基準3を満たすためには、何を考えたらいいのでしょうか。まず、関わりを持ちたい相手、仲間になりたいメンバーのファッションを思い起こしましょう。やはり、基本は、同じイメージの服を選ぶのが無難です。図3を見てください。この図は「ファッションイメージ　マトリックス図」といいます。今シーズンの二大トレンドの「フェミニン」と「スポーティ」の相関関係を座標上にプロットした図です。横軸には「シンプル」と「デコラティブ」を、縦軸には「エレガンス」と「カジュアル」をとっています。この図を見ると、「スイートファンタジー」は、より「デコラティブ」で、いわゆる、カワイイ系といわれるファッションです。ですから、仲間になりたい相手のファッションイメージが「スイートファンタジー」ならば、同系統のカワイイイメージの服を選ぶのがいいでしょう。

　また、相手のファッションが「カジュアル＆アクティブ」なイメージならば、よりカジュアルでデイリーな服を選ぶのがいいでしょう。もし、相手のイメージが「エレガンス」に近いようでしたら、カジュアルなイメージの服を選ばないほうがいいと思います。図を見ると、「エレガンス」と「カジュアル」は真逆になりますので、グループの中でちょっと浮いた存在になる可能性がありますね。

　さて、今度の土曜日、いつも「デコラティブ」な服を着ている友達と、山陽学園大学のオープンキャンパスにいくことになりました。当日の朝、あなたはどんな服を選びますか？　上述した理由から、「デコラティブ」な服を選ぶでしょうか。そんな選択はしませんよね。おそらく、学校の制服（制服に準ずる服装）を選ぶでしょう。どうし

コラム4　形からはいる

"形からはいる"ということばがありますが、みなさんは、聞いたことがありますか。ここに、あるサッカーチームが大好きなA君がいます。あるとき、偶然に観戦チケットが手に入り、生まれて初めて、スタジアムに応援に行くことになりました。早速、彼は、近くのショップにいって、応援するチームのユニフォームを買ってきました。あの熱狂的なサポーターたちと共に応援するには、まず、同じユニフォームが必要だと思ったのですね。まさにAくんは、"形からはいった"わけです。後日、A君はスタジアムで、同じ服を着たサポーターたちと一体となり、試合を、そして、応援を楽しんだそうです。彼は、その時のことをふり返って、「応援のやり方は、最初、どうしたらいいかわからなかったけど、自分がユニフォーム着ていたから、結構、周りの人が親切にいろいろ教えてくれたんだ」と話していました。こんな"もし"は、あまり考えたくありませんが、もしA君が相手チームのユニフォームを着ていたら、どうなっていたでしょう。サポーター席から追い出されていたかもしれませんね。

このように、被服には強いメッセージ性（自分の思っていることを相手に伝える力）があります。そして、この被服の性質は、仲間になりたいと思っている人にとって強力なツールとして使うことができます。

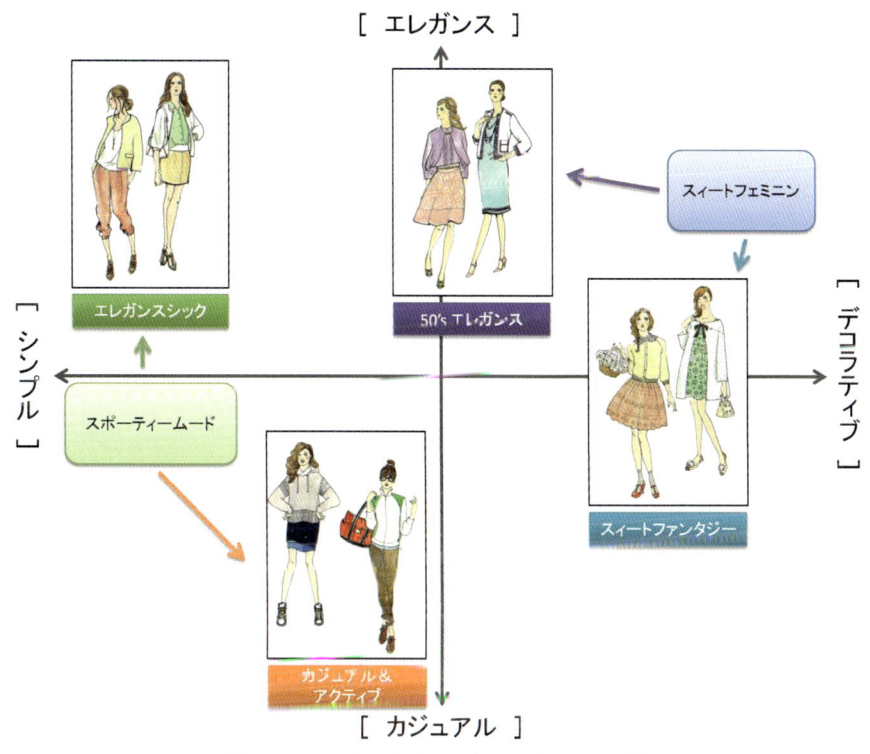

図3　ファッションイメージ　マトリックス図

てと聞かれれば、あなたは「一応、オープンキャンパスだから、ちゃんとした格好をしなくちゃいけないでしょ」と答えるでしょう。

　この話の中に、基準3を満たすために考えなければならない、もう1つの要素が隠されています。それはTPOを踏まえなければならないということです。TPOとは、Time（時）、Place（場所）、Occasion（場合）の頭文字です。ですから、服を選ぶ際には、相手のファッションをイメージするだけでなく、「いつ」「どこで」「何をするのか」もイメージすることが大切です。その場に応じたファッション、わたしは、これを、"適服適所"と呼んでいます。ぜひ、"適服適所"な服選びを心がけてください。

基準4　うちの子が一番

　ケリーちゃんの服選び中のお母さんのセリフで、（他のワンちゃんと）「同じじゃねえ。ケリーちゃんだけが着ていて、かわいく見えるのがいいなあ」とあります。このセリフの前までは、服を着せることで他のワンちゃんたちの仲間入りを望んでいたのですが、考えているうちに、今度は、ケリーちゃんのかわいさが、いかに抜きんでているかアピールしたくなったみたいですね。「ケリーちゃん、かわいいわねえ」と褒められるのは、

怪獣ケリーちゃん

お母さんにとって至福の喜びなのでしょう。かわいさを演出する服はいろいろあると思いますが、お母さんは、あえて怪獣をデフォルメした服を着せて、ケリーちゃんのやんちゃ坊主的なかわいさを際立たせたかったのかもしれませんね。

　いかがでしょうか、みなさんの中に、"認められたい"という気持ちはありますか。上述の基準3は、「仲間になりたい」、すなわち、「メンバーの一員として認められたい」という欲求でした。しかし、ここでは、メンバーの中で、"価値のある存在として"認められたいという欲求です。例えば、流行の服を、誰よりも早く身につける。高級ブランドの服を身にまとう。自分だけが知っているマイナーなショップで購入した服を着てみるなど、認められるために、大なり小なり努力をしたことがあるのではないでしょうか。「いやいや、人に認められるためじゃなく、自分が満足したいからだよ」と反論する人もいるでしょう。しかし、それだけでしょうか。自分のために買ってきた服を着て、鏡に映る自分の姿を見て、満足した次の瞬間、「明日、○○ちゃんたちに見てもらおう」「なんて言ってくれるかな」と想像を膨らませたことはありませんか。「その服いいね、どこで買ったの」と注目を集め、グループの中心にいる自分の姿を想像したことがあるのではないでしょうか。これは、誰もが持っている欲求だと思いますよ。

　さて、ここでは"認められたい"欲求について話をしてきましたが、服選びの**基準4は「その服を着ることで、あなたが集団の中で価値ある存在として認められるかどうか」**ということになります。では、認められる服とは、どんな服のことを言うのでしょう。例えば、「その服いいね」と人に言われたら、認められた気分になると思いますが、逆に、このセリフを人にかける時のことを考えてみましょう。あなたは、字の通り、"服だ

け"褒めているのでしょうか。そんなことはないですよね。普通、服の良し悪しだけでなく、その服が、着ている人にふさわしいか、似合っているかどうかも判断して、「その服いいね」と言いますよね。ここがポイントです。"認められる服＝似合う服"なのです。

では、どうしたら似合う服を選ぶことができるでしょうか。自分らしさを考える必要がありそうです。では、「自分らしさって？」「私ってどんな雰囲気？」と思った時は、周囲の人が、自分のことをどのように言っているか思い出してください。私たちは、他の人が判断する言葉通りの自分になっているといわれているからです。このことを"鏡映的自己"といいます。表1は、ファッションを分類する16のイメージワードですが、あなたはどこにあてはまりそうですか。友達と一緒にやってみてください。

こうして、自分のイメージを理解したうえで服選びをすることで、自分に似合う服を選ぶことができます。また、着たい服があるのに、自分がそのイメージに合わないのであれば、ぜひ、自分磨きをして、その服にふさわしい人物になってくださいね。

3. 自己実現が5番目の欲求

ここまで、ケリーちゃんの服選びの話をもとに、4つの基準を見てきました。それらは、それぞれ「命を守りたい」「身体を保護したい」「仲間になりたい」「認められたい」という欲求に基づく基準でした。これらの欲求は"欠乏欲求"とも言われ、不足すると、危険や孤独、無価値を感じ、恐怖心や不安感を感じます。逆に、こうした欲求が満たされると、何とも言えない安心感に包まれます。

しかし、こうした安心感に満たされた日常は、平凡で退屈なものになりがちです。人にとって退屈は最大の敵であり、幸せの反対は退屈だとも言われています。みなさんも、日々の生活で、ついつい「つまらない」と口走ったことがあるでしょう。さて、ここで思い出してほしいのは、「つまらない」の次に出てくる言葉です。おそらく、「何か面白いことはないか」ではないでしょうか。一見、不平不満を表す言葉のように聞こえますが、実際は、面白いことがないか、あれやこれや考えを巡らせているセリフですよね。つまり、現状に対して、「何か物足りないな」と感じ、「何かもっとできることがないのか」と考え、「なにか新しいことに挑戦したい」と欲しているわけです。

この挑戦は、人から認められたいがためではな

表1　ファッションのイメージワード分類

WARM	SOFT						COOL
	プリティ		ロマンティック		クリア		
	カジュアル	ウォーム	エレガント	クール			
		ナチュラル		ナチュラル	クールカジュアル		
	ダイナミック	ゴージャス		ノーブル			
			クラシック	ダンディ	フォーマル	モダン	
	エスニック						
	HARD						

く、まさに自分のため、自己満足のために行われるのです。その内容は人さまざまですが、趣味や芸術、創作に打ち込む人が多いといわれています。これは、自分の内面を表現する手段として最適であるからと考えられているからです。さて、みなさんは、服選びの場面で、何か新しいことに挑戦したり、自分の内面を表現しようとしたりしたことはありませんか？「そんな難しいことは考えたことはない」と答えが返ってきそうですが、例えば、「今日は、ちょっと気分を変えて、イメージチェンジをしてみよう」と服を選んだことがあるのではないでしょうか。これは、自分の中の新たな可能性を引き出すための立派な挑戦です。人に認められたいからではなく、自分自身を認めてやりたい、褒めてやりたいために、とっておきの一枚を選んだことがあるのではないでしょうか。こうした服選びの例として、2011年6月に震災復興チャリティで来日したレディー・ガガさんを思い出します。"緑"の衣装に身を包み、空港に登場しました。このチャレンジ精神旺盛なファッションには驚きましたが、その後のインタビューで、「環境を尊重するというメッセージを緑の衣装に込めた」ということが分かりました。

自己の内面（考え方や想い）を被服で表現したよい例と言えるでしょう。きっとガガさんも、自分の中で満足感を感じたのではないでしょうか。

以上のことから、服選びの**基準5**は「いかに、『**新たなことに挑戦したい**』『**自分の内面を表現したい**』という気持ちを満たしてくれるか」です。こうした欲求のことを"**自己実現の欲求**"と言います。これは、前出の"欠乏欲求"に対して、"**成長欲求**"と言われています。足りないものを満たす欲求とは違い、自己を成長させるための欲求であり、まさに、人間らしい欲求といえます。

本章で紹介した"欠乏欲求"と"成長欲求"をあわせた5つの欲求は、心理学者のマズロー（A. H. Maslow）が提唱した欲求理論（1954）をもとにしています（図4）。この理論は、ピラミッドで表現され、階層的になっているのが特徴です。"自己実現の欲求"は最上位に位置づけられています。

この理論は、被服の選択行動（服選び）や購買行動の説明に使われてきました。有名なのは、クリークモア（A. M. Creekmore）の被服行動の動機についての論文（1963）で、マズローの欲求理論の5段階に、6段階目の知識的欲求、7段階

マズローの欲求理論

| 自己実現の欲求 |
| 承認と尊敬の欲求 |
| 所属と愛の欲求 |
| 安全の欲求 |
| 生理的欲求 |

⇔

被服に対する欲求理論

| 自己実現 |
| 認められたい |
| 仲間になりたい |
| 体を保護したい |
| 命を守りたい |

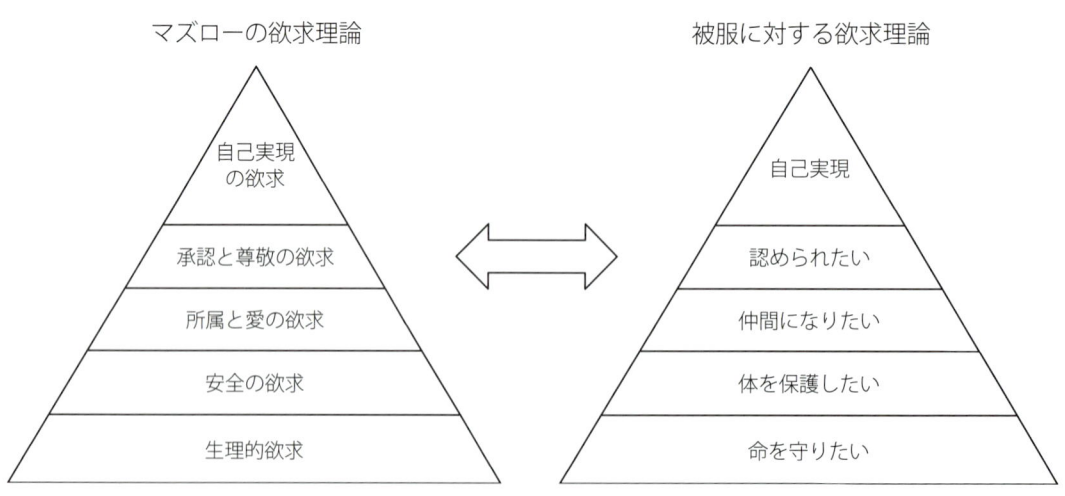

図4　被服に対する欲求理論とマズローの欲求理論の比較

あなたはファッションに何を求めますか

図5　自分でデザインした服

図6　オリジナルスィーツデコ

図7　藍染めのテーブルセンター

図8　手作りTシャツ

目の審美的欲求が加えられています。

　さあ、あなたは、被服を通して、どんな自己実現を果たしたいですか。自己実現の本来の意味は、あなたの内に潜在しているさまざまな可能性を見いだしていくことです。自分の内面と向かい合って、今、自分が何をしたいのか、何を表現したいのか探ってみてください。そして、それを行動で示しましょう。1つの例ですが、ぜひ、創作活動にチャレンジしてください（図5から8）。自分で服をデザインして作ったり、インテリア小物を作ったりするのもいいでしょう。Tシャツやハンカチを、好きな色に染めてみたり、まっ白なTシャツに自分で絵を描いたり、文字を書き入れたりするのもいいでしょう。思いもよらない、自分の才能に気付くかもしれません。こうした創造的な行為は、あなたを成長させてくれます。

おわりに

さて、いかがだったでしょうか。本章では、マズローの欲求理論を基盤とした被服の選択行動について概説してきました。みなさんがこれを読んで、自分の欲求を見つめなおし、満足できる服選びができるようになることを願います。

昨今の不景気により、社会全体に閉そく感が広がる中、これからの社会を担うみなさんに、自分の才能を殻に閉じ込めることなく、開花させてほしいという期待から、今回、この話題を選んでみました。ぜひ、これを機会に、みなさんには、服選びを通して、"自分のやりたいこと"や"未知なる可能性"を発見し、達成できるように、日ごろから切磋琢磨して欲しいと思います。

引用文献

川崎秀昭編『FaSHioN LaB 2012-2013 秋冬』日本色研事業株式会社、Vol.12.

参考文献

A. H. Maslow; Motivation and Personality, Harper & Bros., 80 (1954)

A. M. Creekmore; Clothing behaviors and their relation to general values and to the striving for basic needs, Ph. D. Thesis, Pennsylvania State University (1963)

M. J. ホーン L. M. ガレル著／藤原康晴・杉村省吾・池本明訳『ファッションと個性』昭和堂、1983、pp.16-18.

荻村昭典著『服装学への道しるべ』文化出版局、1987、pp.9-11.

川崎秀昭編『FaSHioN LaB 2012-2013 秋冬』日本色研事業株式会社、Vol.12.

神山進著『被服心理学』光生館、1985、pp.180-198.

小林茂雄著／繊維機械学会 被服心理学研究分科会編『被服心理学 2.1 被服の選択行動と欲求』日本繊維機械学会、1988、pp.19-28.

中川早苗著／繊維機械学会 被服心理学研究分科会編『被服心理学 2.3 態度と被服行動』日本繊維機械学会、1988、pp.52-83.

永野光朗著／中島義明・神山進編『人間行動学講座 第1巻 まとう ― 被服行動の心理学 第4章 被服と流行行動』朝倉書店、1996、pp.65-80.

フランク・ゴーブル著／小口忠彦監訳『マズローの心理学』産業能率短期大学出版部刊、1972、pp.13-72.

執筆者プロフィール

隈元　美貴子（くまもと　みきこ）

現　　職：山陽学園大学総合人間学部生活心理学科教授

最終学歴：岡山大学大学院医歯薬学総合研究科社会環境生命科学専攻博士課程修了

学　　位：歯学博士

専門分野：生活行動学、被服学

主　　著：『ストレスが皮膚表面温度に及ぼす影響』（共著）「皮膚の測定・評価法バイブル 第1部　第7章　第2節」技術情報協会発行、2013

「鼻部皮膚温度測定による知覚レベルおよび心理状態の予測」（共著）Biomedical THERMOLOGY. Vol28, No2. 22-28. 2009

「ストレスおよびその回復の評価法に関する研究 ― 鼻部皮膚温度と知覚レベルおよび心理状態 ―」小児歯科雑誌、第46巻、5号、pp.578-584、2008

ともだち100人できるかな

「楽しく会話できる人」になるために

上地　玲子

　みなさんは、誰かと一緒に過ごす時、どんなふうにしておられますか？　黙って一緒にいるよりも、楽しく会話したほうが良いですよね。でも、楽しく会話することって、簡単にできる人ばかりじゃないですね。自分は楽しいと思っていても、相手にとっては負担かもしれません。また、一緒に過ごす相手によって、あなたは態度を変えたりしませんか？　たとえば、家族には些細なことで怒ったり、指示的な口調で話していても、友だちには遠慮がちに、いやなことも我慢して笑顔で過ごしていたりしていませんか？　そんなふうに態度を変えてしまうことは悪いことではありませんが、自分も相手も大切にした「さわやかな」気持ちでコミュニケーションする技術を身につけると、いつでもだれが相手でも楽しく会話ができるようになりますよね。

1. コミュニケーションとは

　人と人とのコミュニケーションは、お互いに相手の話を聴いたり（態度から気持ちを感じたり）しながら、自分の考え（気持ち）を相手に伝えていくことを繰り返しています（図1）。そのとき、相手を深く理解できる関係作りができると、親近感を持つことができ、心の絆が強くなります。

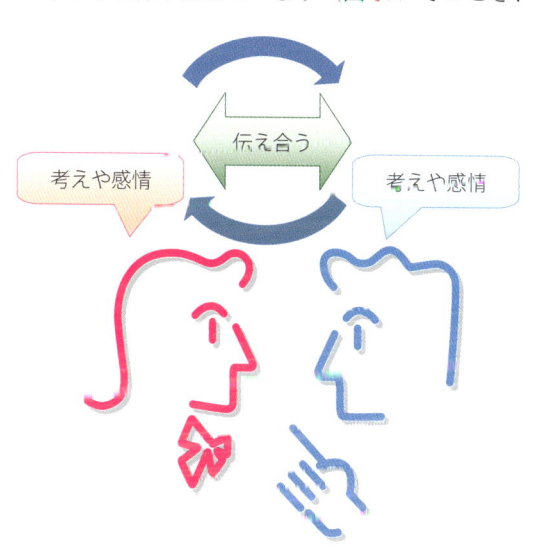

　複数でコミュニケーションするときは、1人の発言に対して、複数の人がリアクションする対応を繰り返しています。1人が質問し、その質問に複数で回答し、その回答について、また誰かが別の意見を言うなどして、複数でのコミュニケーションを成立させています（図2）。

　1対1でのコミュニケーションと違い、直接自分に質問されたことではなくても、発言をすることで会話がスムースになっていきます。

　さらに、私たちは動物ともコミュニケーション

図1　コミュニケーションイメージ

図2　複数でのコミュニケーション

図3　動物とのコミュニケーション（えさやり）

をとることができます（図3）。ペットを飼っている方は、「ペットは家族の一員で、こちらの気持ちも伝わるし、ペットの気持ちも理解できる」と言われる方もおられます。ペットは人間のように言葉を使って話すことはできませんが、顔の表情やしぐさ、鳴き声などで気持ちを伝えようとします。そして、飼い主はペットの気持ちを感じとって応答し、コミュニケーションしています。

動物と人間では、言葉以外の手段を使ってお互いに心を通じ合わせてコミュニケーションすることができます。

2. 言葉を使うコミュニケーションと言葉を使わないコミュニケーション

カリフォルニア大学の心理学者アルバート・メラビアン（1986）によると、人と人とが直接顔を合わせたコミュニケーションには基本的に次の3つの要素があるそうです。

① 言語
② 声のトーン
③ 身体言語（ボディーランゲージ）

そして、「言語」以外は「非言語コミュニケーション」として位置づけられています。アルバート・メラビアンによると、それぞれの相手に与える印象の割合は、言葉は7％、声のトーンや口調は38％、ボディーランゲージは55％であると述べています（図4）。

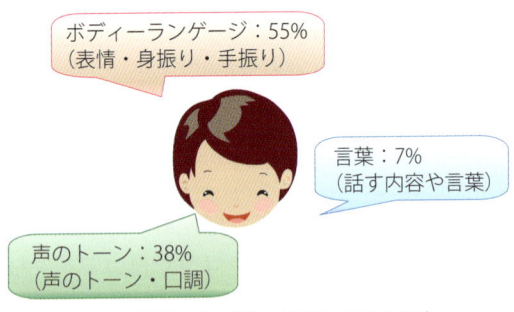

図4　言語・非言語で相手に与える印象

すべての場面においてこの割合が一定ではないそうですが、言語以外で伝わる「声のトーン」や「ボディーランゲージ」はとても重要なようです。

この「ボディーランゲージ」には、顔の表情や態度なども含まれます。「印象が悪い」と感じるのは、声のトーン、ボディーランゲージが大きく影響しています。

【クイズ】次のイラストは、どんな感情？

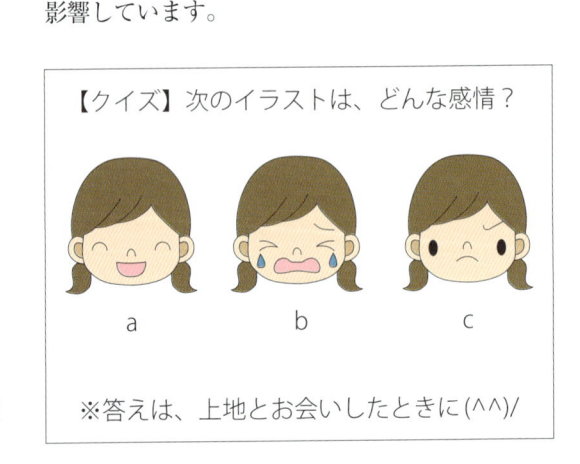

a　　　b　　　c

※答えは、上地とお会いしたときに(^^)/

そして、表情が表す人間の基礎的な感情（怒り、失望、恐怖、喜び、感動、驚きなど）は、文化を超えて共通しています。

ところで、文字を使ったコミュニケーションツールとして「メール」がありますね。このメールにも絵文字や顔文字をたくさん使っていると思います。実は、これも非言語コミュニケーションですね。これは、文字だけではなく、感情を追加

していることになります。おそらくみなさんは、友達同士のメールでは、絵文字や顔文字がないと「冷たい印象」を受け取ってしまうかもしれません。

現代の若者は、「相手からどう思われるか」がとても気になる世代です。文字だけのメールに絵文字や顔文字をつけて、自分の気持ちを表現し、相手に好印象を与える工夫をしている方が多いと思います。頼まれたことを断るときも、冷たい印象として受け取られないように、困った表情の絵文字や顔文字をつけて感情を付け加え、相手に伝わるイメージを和らげようとしませんか？

【クイズ】次の顔文字は、どんな感情？

o(*^▽^*)o♪　（T_T）　(｀◇´メ)

※答えは、上地とお会いしたときに(^^)/

ところで、その「感情」は、生まれたばかりの赤ちゃんの時から持っています。最初は、「快・不快」の単純な感情ですが、発達していくにつれて次第に豊かになっていきます。

そして、その感情を表す顔の表情は、文化や言語を超えて世界共通です。外国の映画で言葉が分からなくても、表情から感情を読み取って共感することができますよね。

3. 人間関係における「アサーション」[1]の考え方

平木典子（2007）によると、人間関係には大きく分けて3つのタイプがあると言われています。1つめは「自分のことだけ考えて、他者を踏みにじるやり方」、2つめは「自分よりも他者を常に優先し、自分のことを後回しにするやり方」、3つめは「自分のことをまず考えるが他者も配慮するやり方」だそうです。

たとえば、レストランで食事をしていたとき、食事の中にゴミが入っていたとします。そんなとき、あなたならどうしますか？

　a．何も言わない。
　b．大声で従業員に怒る。
　c．従業員に席まで来てもらい、ゴミが入っていたので、食事を取り替えてもらいたいと交渉する。

アサーションでは、そのときの態度を3種類に分けて考えます。

「a」はノン・アサーティブ（非主張的）です。その場は波風立てずにやり過ごすことができるかもしれませんが、自分の気持ちを抑え込んでいるために不満感が残ってしまいます。

「b」はアグレッシブ（攻撃的）です。自分のイライラした感情をぶつけることで気持ちはすっきりするかもしれません。しかし、相手や周りにいるお客さんは不快な思いをしてしまいますね。

「c」はアサーティブ（さわやかな自己表現）です。「料理を取り替えてもらいたい」という気持ちを伝え、相手と交渉することで、自分の気持ちも伝えることができるし、相手も交渉に応じるチャンスを得られます。もし、料理を変えることが無理でも、お客さんが納得できる代案を提案することも可能ですね。

それぞれの特徴を説明すると、次の通りです。

ノン・アサーティブの特徴は、自信がなくて不安が高いためにいつも指示に従う傾向があります。しかし、裏の気持ちは「私が譲ってあげたのに」「なんでいつも私だけ我慢するの」などという気持ちがわいてきて次第に相手と接するのが負担になってきます。このような負担が重なっていく人と接する場を避けるようになり、引きこもりがちになってしまったりします。

アグレッシブの特徴は、自分の意見を押し通さ

ないと気が済まない面があり、相手の気持ちを察して意見を聞いたりせず、自分本位で動いてしまうところがあります。しかし、裏の気持ちは「ホントは自分に自信がない」「周りから自分を批判されるような意見を聞くと傷つく」という気持ちがあるのです。したがって、自分の意見に同調するように求めたりします。このような関係は、相手が次第に負担になってしまうので、行き過ぎると周りから敬遠されるようになり、孤立してしまうこともあります。

　アサーティブの特徴は、自分の気持ちも相手の気持ちも大切にした態度で接します。したがって、気持ちの裏も表もありません。いつも自分の気持ちをしっかり確認して、相手も不快にならないように配慮しながら接することができます。

ノン・アサーティブ

相手中心で消極的
他人本位、服従、依存、卑屈、消極、自己弁護

〈表の気持ち〉 
自信がなく、不安が高く、卑屈な気持ちになる。

〈裏の気持ち〉 
恩着せがましく、恨みがましい。

↓

我慢や恨み、欲求不満や怒りが重なっていくと、人付き合いがおっくうになったり、八つ当たりをしたり、意地悪なことをしたりしてしまう。

アグレッシブ

自分中心で攻撃的
自分本位、支配、指示、尊大、横暴、責任転嫁

〈表の気持ち〉 
自分の欲求を押しつけ、相手を思い通りに動かす

〈裏の気持ち〉 
本当の自信はなく、人の批判や反応に敏感。

↓

強引さのために、後味の悪いことが多い。後に、自分の本意ではなかったことに気づき、後悔することがある。

アサーティブ

自分も相手も尊重する
自他調和、共存、自発、率直、積極、自己責任

〈表の気持ち〉 
余裕と自信に満ちてすがすがしい。

〈裏の気持ち〉 
裏表がない。

↓

お互いの意見を出し合って、譲ったり、譲られたりしながら、双方にとって納得のいく結論を出そうとする。

図5　自己表現の3つのタイプ

4. あなたのアサーティブ度チェックシート

表1の質問に対して、普段のあなたならどのようにしているのかを考えて、「はい」のときに番号に○をつけてください。

さて、いかがでしたか？

「○」をつけたもの以外は、あなたが自己表現できていない、苦手なところです。半分以上○がつかなかった方は、日常生活や人間関係で困る事があるかもしれません。

次に、「○」つけた項目について、もう一度確認してみましょう。その「はい」という気持ちが、相手に対して否定的な感情を込めていたり、腹立たしさを攻撃的に表現していたり、相手を無視する意図が潜んでいたりしているかもしれません。

もし、そうであれば、その項目に「◎」をつけてください。その項目については、あなたは自分の気持ちは大切にできているけれど、相手の気持ちを考慮できていない可能性があります。

「○」の数が10以上あれば、あなたのアサーション度は、普通以上です。

時間に余裕がある方は、別の色のペンで、具体的な相手（たとえば家族、学校の先生、部活の先輩、友人など）をそれぞれ想定して答えて見てください。Bの7と8は、一緒にいる相手によってどういう態度をするかを考えてみてください。

相手によっては、かなり違いが出てくるかもしれませんね。

もし、違いがある場合は、どうして態度を変えてしまうのか、もう一度振り返ってみましょう。そして、態度を変えることで、自分や相手の気持

表1　アサーション度チェックリスト

〈A〉自分から働きかける言動

1	あなたは、誰かに良い感じを持ったとき、その気持ちを表現できますか。
2	あなたは、自分の長所や、なしとげたことを人に言うことができますか。
3	あなたは、自分が神経質になっていたり、緊張している時、それを受け入れることができますか。
4	あなたは、見知らぬ人たちの会話のなかに、気楽に入っていくことができますか。
5	あなたは、会話の場から立ち去ったり、別れをいったりすることができますか。
6	あなたは、自分がしらないことやわからないことがあったとき、そのことについて説明をもとめることができますか。
7	あなたは、人に援助を求めることができますか。
8	あなたが人と異なった意見や感じをもっているとき、それを表現することができますか。
9	あなたは、自分が間違っているとき、それを認めることができますか。
10	あなたは、適切な批判を述べることができますか。

〈B〉人に対する言動

1	人から誉められたとき、素直に対応できますか。
2	あなたの行為を批判されたとき、受けこたえができますか。
3	あなたに対する不当な要求を拒むことができますか。
4	長電話や長話のとき、あなたは自分から切る提案をすることができますか。
5	あなたの話を中断して話し出した人に、そのことを言えますか。
6	あなたは、パーティや催しものの招待をされたとき、受けたり、断ったりできますか。
7	押し売りを断れますか。
8	あなたが注文した通りのもの（料理とか洋服など）がこなかったとき、そのことを言って交渉できますか。
9	あなたに対する人の好意がわずらわしいとき、断ることができますか。
10	あなたが援助や助言を求められたとき、必要であれば断ることができますか。

出典：平木典子（2007）『図解　自分の気持ちをきちんと〈伝える〉技術』より一部改変

ちはどうなっているのかを考えてみると、日頃の接し方を良い方向へ向上させることができるかもしれませんね。

5. アサーティブスキルを身につけよう

多くの人が、アサーティブになれないのは、スキルを身につけていないためだと考えられています。つまり、あなた自身の問題というよりも、育ってきた環境が影響している可能性があります。

私たちは幼い頃から社会に適応していくために、親や学校でさまざまなスキルを学んでいます。しかし、多くの対人スキルは、具体的な事柄に対して応用できるものではありません。「頼まれごとを断る方法」「楽しく会話を続ける方法」などというスキルは、授業で学ぶ機会も少ないですね。しかし、このスキルは幼い頃から実行を積み重ねていないと身につきません。

「頼まれごとを断る」といっても、いろんなパターンがありますね。

たとえば、「授業のノートを貸して」と頼まれたけれど、貸したくない気持ちがあるとき、どのようにして断りますか？ 相手によって断りやすい人と断りにくい人がいるかもしれません。あるいは、あなたは「別の人に貸す予定だから」などと嘘をついてその場しのぎの対応をしてしまうかもしれませんね。どんな相手でもさわやかに断る方法を身につけられたら、こういうときも困らなくてすみますね。

アサーティブなスキルを身につけるためには、言いたいことを上手に伝える方法を身につける必要があります。次の (1)〜(5) の技法を練習してみましょう。

(1) 自分の気持ち、考えをつかもう

自分の気持ちや考えを明確にするために「私は」と主語をつけて文章を言う練習をするとよいでしょう。

たとえば、待ち合わせをしていたのに相手が遅れて来たことで「むかつく」と感じることがあったとしましょう。そのとき、「相手が遅れて来たからむかつく」のではなく、「私は時間通りに来たのに、私を待たせる相手にイライラした」になるのです。でも、本当は相手が時間を勘違いしていたり、あるいは渋滞で間に合わない状況だったりしているかもしれませんね。

また、メールで質問したのにいつまでも返事が来ないとき、「なんで返事くれないの」と一方的に怒ったり、あるいは、「私のことをどうでも良いと思ってるんじゃないか」と卑屈になったりしませんか。そんなときも「私は」と主語をつけてみてください。「私はメールで質問したけれど、相手からすぐに返事が来ないので、返事がほしいと思っている」になりますね。でも、相手はメールを読んでないかもしれないし、あるいは返事に困っているかもしれないし、もしかしたら返信したけれどうまく届かなかったのかもしれません。このように考えると、相手が返事をくれないことに対して怒っていることや「自分のことをどうでも良い」と思っているという考え方は、正解じゃないかもしれませんね。

相手の気持ちを誤解して推測してイライラしたり、傷ついたりすることもありますが、「私は」を主語にして考えると、自分の気持ちをより明確にとらえることができます。

(2) 自分をオープンにしよう

コミュニケーションは、自分をオープンにしないと一方的になってしまい、楽しい会話が続きません。

自分をオープンにできない人は、もしかしたら、過去に自分をオープンにした結果、誤解や偏見をされたり、攻撃的にされたりして、心が傷ついているのかもしれません。

まずは、安心して話せる相手を見つけ、少しずつ自分をオープンにしていく練習をしてみましょう。すぐに相手が見つからないという方は、スクールカウンセラーや教育相談の先生などを活用するのも良いですね。

また、「ジョハリの窓」という考え方で自分自身を知ることも良いかもしれません。この理論を考案した2人の人の名前をとって「ジョハリの窓」と呼ばれています（平木典子、1989）。

表2　ジョハリの窓

	自分に分かっている	自分にわかっていない
他人に分かっている	Ⅰ　開放の窓「公開された自己」open self	Ⅱ　盲点の窓「自分は気づいていないが他人から見られている自己」blind self
他人に分かっていない	Ⅲ　秘密の窓「隠された自己」hidden self	Ⅳ　未知の窓「誰からもまた知られていない自己」unknown self

出典：平木（1989）『カウンセリングの話』より一部改変

「開放の窓」は、自分も他人も分かっている部分です。この部分は、他人からどう見られているかについて自分も理解できているところなので、安心して表現できます。

「盲点の窓」は、自分は分かっていないけど、他人が分かっている部分です。この部分は、自分では気づかないうちに行動していることについて、他人が気づいていますから、意図しない誤解をまねいてしまうかもしれません。

「秘密の窓」は、自分は分かっているけれど、他人は分かっていない部分です。この部分は、他人に気づかれないようにしているので、いつ気づかれるのか不安になったりするかもしれません。

「未知の窓」は、自分も他人も分かっていない部分です。この部分は、自分も気づかないし他人も気づいていないため、良い面が隠れているかもしれません。

自分をオープンにするには、「盲点の窓」「秘密の窓」「未知の窓」の部分を減らし、「開放の窓」の部分を広げることがポイントです。

さて、あなたはどのくらいの割合でしょうか。

では、自分を理解するための課題をやってみましょう。これは、Kuhn & McPartland（1954）が考案した「20答法」と呼ばれるものです（星野命、1989）。

「あなたは誰ですか」という質問をされた場合を想定して、「私は…です」という文章で20パターンの違った答えを作ってください。

1	私は
2	私は
3	私は
4	私は
5	私は
6	私は
7	私は
8	私は
9	私は
10	私は
11	私は
12	私は
13	私は

14	私は
15	私は
16	私は
17	私は
18	私は
19	私は
20	私は

20パターン書き終えたら、自分の書いた文章を検討してみましょう。

この20パターンは、ジョハリの窓にあてはめて考えると、Ⅰ～Ⅳのどれに当てはまるでしょうか。

もし、この文章で自己紹介をするとしたら、何番を選びますか。どうして、その番号を選んだのでしょうか。

あなた自身のことが少し理解できたかもしれませんね。もし、自分では見えない部分（ジョハリの窓で言えばⅡとⅣ）を明確にしたい場合は、周りの人に「あなたは…です」と20パターンの文章で書いてもらうと見てくるかもしれませんよ。

次は、あなたの親しい相手に「あなたは…です」とあなたのことに関する文章を20パターン作ってもらってください。

1	あなたは
2	あなたは
3	あなたは
4	あなたは
5	あなたは
6	あなたは
7	あなたは
8	あなたは
9	あなたは
10	あなたは
11	あなたは
12	あなたは
13	あなたは

14	あなたは
15	あなたは
16	あなたは
17	あなたは
18	あなたは
19	あなたは
20	あなたは

どうですか？　あなた自身が気づいていない面が書かれていませんか？　もし、自分では気づいていない面が書かれていたら、どうしてそのように見えるのかを教えてもらいましょう。「ジョハリの窓」の「盲点の窓」と「未知の窓」の中が見えてきて、「開放の窓」が増えてくるかもしれませんよ。

(3) 相手に関心を持って積極的に話を聴こう

相手の話を聴くという行為は、受け身的ではなく、積極的で能動的なことです。

テレビ番組で、出演者から上手に話題を引き出す方がおられますね。良い聴き手になるには、まずは相手に関心を持つことから始まります。

相手に関心を持つことで、さらに相手のことが分かるようになり、安心して自分も話すことができるようになるのです。

(4) 質問を使い分けよう

私たちは、普段何気ない会話をしているときも、「質問」を繰り返しています。この「質問」をうまく使うことによって、コミュニケーションが深まっていきます。

質問には、「開かれた質問」と「閉じた質問」があります。

「開かれた質問」（Open Question）は、相手が自由に答えられるもので、「～はどうですか」「～はどう思いますか」など、「どう」「どのように」

「楽しく会話できる人」になるために

などの言葉が入り、相手が自由に答えやすい質問です。

（例）
- あなたは、いつも日曜日にどんなふうに過ごしていますか？
- どんなことでお困りなのですか？
- もう少し詳しく話していただけませんか？
- どうしてそんなふうになってしまったのだと思われますか？

「閉じた質問」（Closed Question）は、「はい・いいえ」、または短い単語で答えられるものです。

（例）
- 今朝は、ご飯を食べてきましたか？
  → 「はい」もしくは「いいえ」
- あなたは、自動車免許を持っていますか？
  → 「はい」もしくは「いいえ」
- 今日のお昼ごはんは、どこで食べましたか？
  → 「食堂で食べました」

では、ここで「開かれた質問」と「閉じた質問」の識別テストをやってみましょう。

以下の質問を読んで、「開かれた質問」は「O」、「閉じた質問」は「C」に○をつけてみてください。

	O or C	質　問
1	O C	宿題、できた？
2	O C	今日は、何時に起きたの？
3	O C	お父さんはあなたのことをどう思ってる？
4	O C	先生には相談したの？
5	O C	試験が近づくと、勉強のことが気になる？
6	O C	昨日はテレビを見た？
7	O C	昨日見たドラマは、どうだった？
8	O C	携帯の機種変更した？
9	O C	メールしたけど、読んだ？
10	O C	何で、返事くれないの？

※答えは、上地とお会いしたときに（^^）/

> **「キー・ワード」の重要性**
> 相手に質問をしていくと、相手の回答のなかにキーワードが出てきます。
> そのキーワードに関連した質問を広げていくことで、相手のことがより深く分かってくる手がかりとなります。

(5)「おまけ」の情報を提供しよう

質問に答える側も、質問されたことのみを話すと話題が広がりません。しかし、質問の回答以外の「おまけ」を付け加えると、話題が広がりやすくなります。自分をオープンにできてない人は、「おまけ」を付け加えるのも苦手なところがあるかもしれません。しかし、楽しくコミュニケーションを成立させるためには、「おまけ」を付け加えることも大切です。

たとえば、友達との会話を想定してみましょう。

〈おまけのない会話〉
A：昨日、テレビ見た？
B：見たよ。
A：何見たの？
B：お笑い
A：どーだった？
B：おもしろかった

こんな会話では、話が弾みませんね。
では、「おまけ」がつくとどうでしょう。

〈おまけのある会話〉
A：昨日、テレビ見た？
B：見たよ。おもしろい番組があったんよ。
A：どんな番組？
B：○○さんが出てて、ドラマの話もしてたんよ。お風呂も入らずに見ちゃったわ。
A：へぇ、すごいね。わたしも見たかったな。

えっと、じゃあ、Aちゃん、お風呂入ってないの？
B：今朝、入ってきたよ！（笑）

「おまけ」の情報がつくと、こんな感じで、友達と楽しく会話が弾みますね。

決して嘘をついて、わざと相手をおもしろがらせる必要はありません。しかし、質問されたことのみを答える会話は、話題が膨らまず、長続きしないのです。

あなたの周りで楽しく会話をしている人を見かけたら、じっくり観察してみてください。また、テレビのトークショーも参考になるかもしれません。楽しい会話には、必ず「おまけ」を付け加えているし、おまけについて話題を広げているはずです。

(6) 問題解決のためのアサーション DESC 法

複数の人たちで課題を達成するとき、アサーションのDESC法でセリフをつくるとうまく進めることができます。

たとえば、グループで制作作業をしているとき、課題とは違うことで話をしている人たちがいて、なかなか進まない状態だったとします。その場合、DESC法で進めるとこんな感じです。

「グループで作業をしていますが、なかなか作業が進みませんね（D）」

「私は、授業時間内に課題を済ませたいと思っています（E）」

「全員で取り組む方が効率的だと思いますがどうでしょう（○○さんと○○さんはこの作業をしてくれるとはかどります）（S）」

「もし、授業時間内にしあげたら放課後に集まらなくても良いかもしれませんね。できなければ、全員放課後に居残りになってしまいます。いま、集中してやりませんか？（C）」

表3　アサーションの DESC

D	describe 描写する	
		自分が対応しようとする状況や相手の行動を描写する。
		客観的、具体的、特定の事柄、言動であって、相手の動機、意図、態度などではない。
E	express, explain, empathize 表現する、説明する、共感する	
		状況や相手の行動に対する自分の主観的な気持ちを表現したり、説明したり、相手の気持ちに共感したりする。
		特定の事柄、言動に対する自分の感情や気持ちを建設的に、明確に、あまり感情的にならずに述べる。
S	specify 特定の提案をする	
		相手に望む行動、妥協案、解決策などの提案をする。
		具体的、現実的で、小さな行動の変容についての提案を明確にする。
C	choose 選択する	
		肯定的、否定的結果を考えたり、想像したりし、それに対してどういう行動をするか選択肢を示す。
		その選択肢は具体的、実行可能なもので、相手を脅かすものではないように注意する。

このように、表現に困ったり複雑なことを決めるときに役立ちます。あなたが提案した内容に対して相手が賛成してくれる場合は、すぐに解決できます。しかし、反対されることもあるでしょう。もし、反対されたら、反対する理由を伺い、お互いに歩み寄れるところをもう一度話し合って提案していきます。

相手が同意しないからと感情的に攻撃すれば相手に不快な思いをさせてしまうし、かといって自分が我慢し続けても負担に感じるばかりです。お互いに冷静に話し合えるよう、DESCを繰り返してみてください。すぐに解決しなくても「お互いに合意できる妥協点」が見えてくると思います。

おわりに

　この章では、アサーションの考え方をベースに楽しく会話してコミュニケーションする方法について解説しました。普段、自分がどのようなときに、どのような人と、どのようなコミュニケーションをしているのかを振り返る機会にしてください。そして、あなたも相手も心地よく一緒に過ごせる関係を築いていってくださいね。

注
1) アサーション（assertion）は、主張・断言などと和訳されますが、日本語としては少し強い表現という印象があるためアサーションの本来の意味にしっくり合いません。そこで、「アサーション」と言ったり、「（さわやかな）自己表現」と言ったりしています。
　　アサーションの考え方は、1つめを「アグレッシブ aggressive（攻撃的）」、2つめを「ノン・アサーティブ non-assertive（非主張的）」、3つめを「アサーティブ assertive（さわやかな自己表現）」と表現しています。

参考文献
アルバート・メラビアン著／西田司他共訳『非言語コミュニケーション』聖文社、1986
平木典子著『図解　自分の気持ちをきちんと〈伝える〉技術』PHP、2007
平木典子著『カウンセリングの話』朝日新聞社、1989
星野命著『20答法　性格心理学新講座6　ケース研究』金子書房、1989

執筆者プロフィール
上地　玲子（かみじれいこ）
現　　在：山陽学園大学総合人間学部生活心理学科講師
最終学歴：川崎医療福祉大学大学院医療福祉学研究科臨床心理学専攻博士後期課程単位修得満期退学
学　　位：教育学修士
研究分野：臨床心理学、障がい児、親子関係

― あなたの街は大丈夫？ ― 防災マップで安全・安心 ―

こころと環境
― 室内環境から町のイメージ・都市景観まで ―

澁谷　俊彦

　現代社会における建築学・都市計画学・環境心理学の研究成果を参考に、身近な室内環境から建築・都市環境・人々の生活へと視点を広げながら「こころと環境」について解説していきます。

1. はじめに

　「こころと環境」の研究は、環境心理学（Environmental Psychology）や建築心理学（Architectural Psychology）という研究分野として、1960年から1980年にかけて大きく進展しました。特に1960年のリンチ，K（Kevin Lynch　都市計画学　1918～1984年）の主著『都市のイメージ』と1977年のアレグザンダー，C.（Christopher Alexander　建築学・都市計画学1936年～）の『パタン・ランゲージ』（Pattern Language）は特に大きな影響を与えました。

　日本では、1960年代末から、乾正雄、大山正、カンター，D.（David Canter）、長田泰君、渡辺仁史、穐山貞登等による研究・出版が行われ、注目を集めました。現在も羽生和紀、槙究等により活発な研究が行われています。

　以上のような研究の動向と現代社会における事例を参考に、インテリアのような身近な環境から市街地・都市といった広い環境へと段階的に視点を広げながら「こころと環境」について解説していきます。

2. こころと環境の基本要素

(1) こころと環境の解説イラスト

　人間のこころと住宅や周辺の環境について1枚のイラストを描きました（図1）。人間を取り巻く物理的な環境を身体に近い順に挙げていくと、①衣服、②家具、③インテリア、④住宅・建築、⑤敷地、⑥隣地のビルや道路交通・自然、⑦町や村、⑧都市・県の広がり、⑨国土、⑩地球規模の広がりといった順になります。

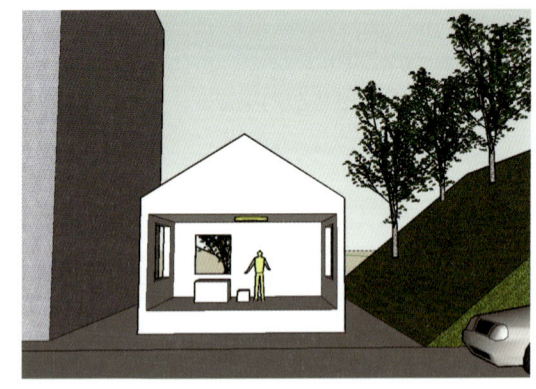

図1　こころと環境の解説イラスト

こころと環境 ― 室内環境から町のイメージ・都市景観まで ―

(2) 室内の暑さ寒さ

室内環境でこころと関係するのは、寒暖の感覚です。人間は、気温・湿度・気流・放射という4つの要素で暑さ寒さを感じます（図2）。気温以上に不快な暑さを感じさせる大きな要因になっているのが湿度です。身近に湿度計を置いて、物理的な数値と自分の感覚との関連を調べてみましょう。

(3) 騒音かどうかは相手次第

物理的な数値と心理的な影響について研究が進んでいる分野に音響学があります。物理的な数値と人間の感覚のずれをよく示しているのが図3の音の等感度曲線のグラフです。音の聞き取りやすさは周波数により異なり、高音と低音は聞き取りにくくなっています。グラフの線が上がっているところは、同じ大きさに聞こえるのに大きなエネルギーを必要としている音域です。横座標は対数になっています。人間の感覚が対数に比例しているというフェフィナーの法則（Fechner's law）に合致しています。

また音は発生させている人との人間関係の良し悪しによりストレス源（stressor）と感じたり、気にならなかったりします。マンションでの騒音

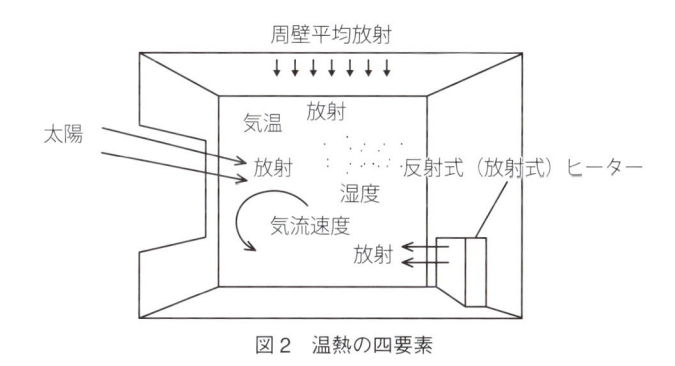

図2　温熱の四要素

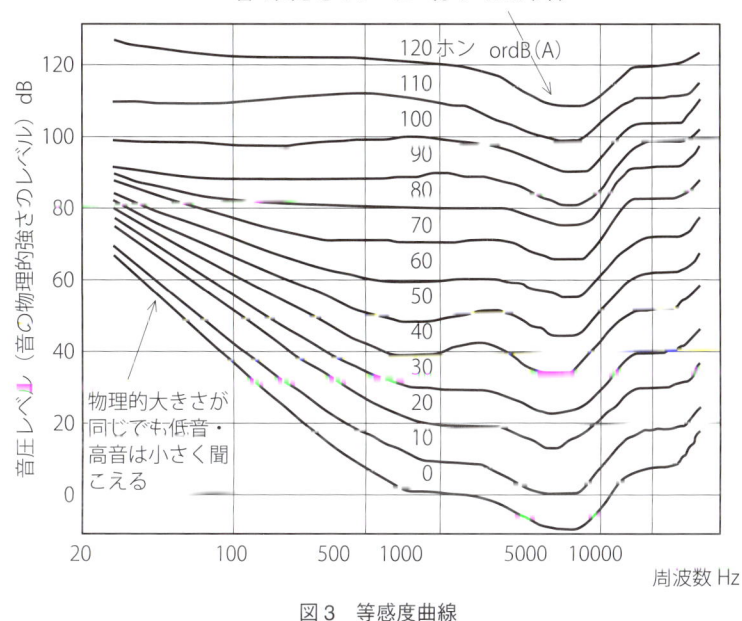

図3　等感度曲線

問題がこの典型であり、音響において心理面の要素が大きい証拠です。

(4) 日照の確保と高層ビルからの圧迫感

南側に高層ビルが建ち、日照を失い圧迫感を受けると大きなストレスになります。この問題を解決するために、建築基準法により低層住居専用地域では、日照を確保するために高層の建築物は建てられないよう定められています。

一方、主に商業に使うよう決められている商業地域では、ホテルやデパートといった高いビルを禁止するわけにはいきません。むしろ市街地の高層化を促進しています。したがって商業地域でマンションを買う場合には、将来南側にどのくらいビルを建てることができるか確認する必要があります。住宅を確保する時、隣地に最大限どのくらいの規模の建築物を建てることができ、日影が発生するかを調べておくことが大切です。

(5) 災害時の避難とこころ

地震・火災といった災害時には、こころと環境の最も切羽詰まった状況が発生します。アパート・マンション等の集合住宅をはじめ高層建築はこの非常時のことを考えるように定められ、廊下や階段などの避難路は特に高い安全性が確保されています（図4）。

なお人間の行動面では、階段を降りるとき左回り（反時計回り）の方が速いことも知られています。

警報が鳴ると人々は避難口に殺到します。この時、避難口でアーチアクション（arch action）という現象が起こる恐れがあります。大切なことは、扉の位置、扉の幅、そして扉の開き方です。扉は避難方向に向けて開くのが原則です（図5）。

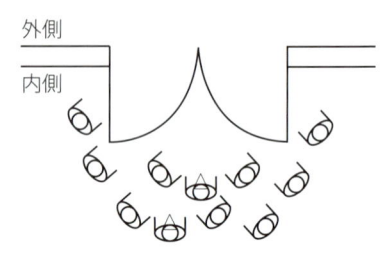

①扉を内側に開きにくく避難上好ましくない

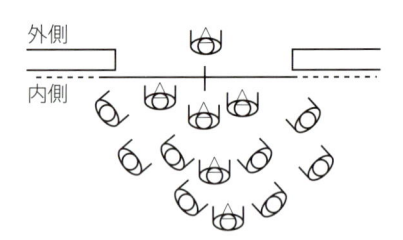

②避難上問題が少ない

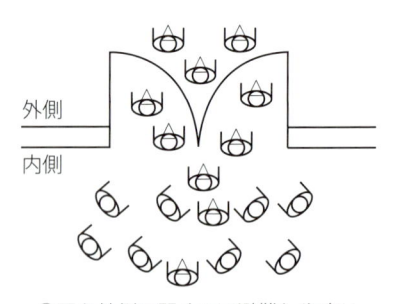

③扉を外側に開くので避難しやすい

図5 アーチアクションと扉の開き方

図4 避難経路と安全性
■：避難経路の燃えてはならない所

3. こころと住宅

(1) 心と住環境の基礎理論

住宅は人間にとって基本的な環境であり、マズロー，A.（Abraham Harold Maslow）の欲求の5段階の中の基本的な3つの段階、①生理的欲求（physiological need）、②安全の欲求（safety need）、③所属と愛の欲求（social need/love and belonging）に対応しています。

心と住環境を考える上で重要な基礎的理論には、ホール，E.の『かくれた次元』の4つの距離である、①密接距離（intimate distance）、②個体距離（personal distance）、③社会距離（social distance）、④公衆距離（public distance）があります。

さらにより具体的に住環境を設計していく上では、アレグザンダー，C.の単語を組み合わせて文章を作るように要素を組み合わせて環境を作っていく、パタン・ランゲージの理論（平田翰那訳 1978）が現在も活用されています。

(2) 家族の場所

現代洋風住宅と伝統的和風住宅を対比させることにより、こころと住環境の関係、家族とプライバシーについて説明します。

図6は洋風住宅のLDKです。台所・食堂・居間が機能的にコーナーに分けられ、場所と機能が密接に繋がっています。

図7は伝統的な和風住宅です。家族の場の中心になる所は、丸いちゃぶ台を囲む茶の間です。台所や座敷とは明障子で仕切られるだけの連続性の強い空間です。床も畳敷きなのでしつらえを変えれば食事以外にも転用がききます。

明確に機能分化された現代洋風住宅と、曖昧な広がりと曖昧な機能を持つ伝統的和風住宅を比較

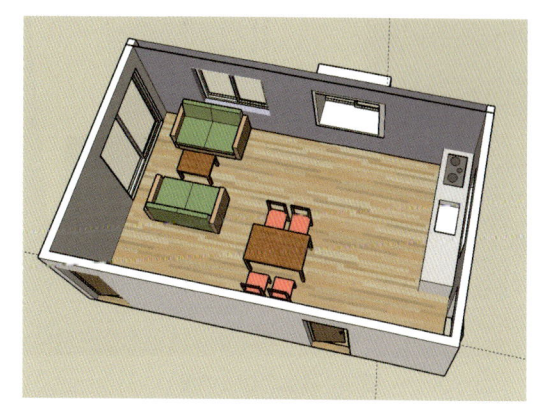

図6 室の家族の場

図7 和室の家族の場

すると、家族全員が家事労働に参加しやすい現代住宅に対して、伝統的和風住宅の場合は、家事労働の負担が大きく、特定の人に負担がかかる恐れがあります。このような住宅の機能が家族の人間関係に影響を与える可能性があります。

(3) 個人の場所

家族の場と同様に、環境がこころに影響を与える可能性が強い空間が、寝室・子ども室といった個人の場所です。

図8のような現代住宅の寝室・子ども室はドアを閉めれば、プライバシーの高い環境になります。外部との関係も、伝統的和風住宅に比べると閉鎖的です。

これに対して、図9のような伝統的和風住宅は、連続した畳敷きの空間を明かり障子と襖で視

103

図8　洋室の個人の場

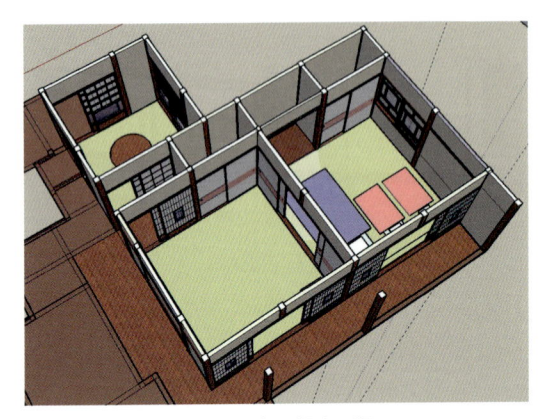

図9　和室の個人の場

線だけを区切るものであるため、遮音性が無くプライバシーの低い住環境になっています。用途的にも、昼は座敷、夜は布団を敷いて就寝するという使い方ができるという点もあります。

個人主義をベースにした西欧社会から導入された現代洋風住宅に対し、伝統的和風住宅は日本人の集団主義の揺籃になったともいわれています。

4. ヒアリング、倉敷を事例に

(1) 個性がはっきりした町、倉敷

町に住む人・働く人の町に対する思いを把握するには直接お会いして話を聞かせていただくのが一番です。フィールドワークの対象地域を倉敷市の美観地区に設定し、学生たちの聞き取り調査に協力いただいています。倉敷を選んだ理由は、都市のイメージが強い町なので、こころと環境の関連がはっきり聞き取れるのではないかと考えたからです。

(2) 商店主としての思い

商店街の会長からはアーケード撤去して美観地区と一体化させる町づくりと、住民の結束についてお聞きました（図10）。元々は倉敷駅から美観地区の入口まで続くアーケードのある町でした。このアーケードを撤去し、店のファサード（façade 建築物の正面）を整備して、美観地区の一郭として商業を続けていこうという決断です。町のあり方を考え直す大胆な方法がとられました。各商店主との協力も大切でした。

蒲鉾店では、ご主人から蒲鉾づくりの奥深さや技術の継承を、女将さんからは全国からのお客さんと話すことの楽しさを語っていただけました（図11）。倉敷という町で家族で食品を作り、来

図10　商店街の活性化と民芸品の話し

図11　夫婦親子で協力（かまぼこの製造販売）

街者と交流しながら販売していく、こころが繋がっていく事例です。

(3) 組織の一員として

次に企業で組織の一員として働かれている方々にお話を伺いました。大原美術館ミュージアムショップでは、美術館オリジナル商品のパッケージに描く睡蓮の絵の色をいかに正確に再現するか等、商品開発の苦心談等を教わりました。倉敷という町を代表するおみやげの開発に対する責任感と熱意を感じました（図12）。

倉敷国際ホテルでは、フロント・レストラン・総務の方々にお聞きしました。ホテルという言葉の語源には客人の保護者、手厚いもてなしという意味があります。倉敷の魅力を求めていらっしゃるお客さんを、温かく迎え入れる仕事への熱意が感じられました（図13）。

一連の聞き取り調査から、歴史的な環境を保つ倉敷ならではのこころと環境の好ましい関係を知ることができました。

図12　新製品開発に参画

図13　ホテルパーソンとして

5. 生活心理マップの基本理論

(1) ルートマップからサーベイマップへ

こころと環境の関係を理解する有効な方法の一つとして、マップづくりがあります。人間が環境をいかに理解しているかをマップから見ると、方向や距離は不正確だが道程は解るトポロジカル（topological）なルートマップ（route map）と、平面的広がりを持つサーベイマップ（survey map）があります。発達の最初にランドマーク（目印）が形成され、経験を積むに従いルートの情報が付加されてルートマップができます。さらに複数のルートを知り結合することによりサーベイマップの形式へと発展していきます。

(2) 都市をイメージするための5つの要素

マップ作りの実習を始めるに当たって、アメリカの都市計画家で認知地図研究の先駆者であるリンチの主著『都市のイメージ』（丹下健三・富田玲子 2007）の考えを基本に置きました。「環境の認知において重要な点は町の構造の分かりやすさがあり、骨組みが分かりやすい町は道に迷うことがない良い町だ」という考えです。

構造の理解しやすい都市は、簡単に現在位置が分かり、目的地までのパス（経路）が選択できます。逆にパスの構造が理解し難い町は道に迷ってしまい、目的地にたどり着く経路も分かりません。町の構造の分かりやすさを決めるのは、パスの構造とランドマークの配置です。リンチがあげる認知地図の構成要素は以下のとおりです。

① パス（path, 経路）人々が移動する経路。大通り、散歩道、鉄道など。

② ノード（nodes, 結節点）交差点、駅など

のパスが交差する地点や、広場などの地域の中心点。
③ ディストリクト（Districts, 地域）オフィス街、下町など、他と区別される一定の地域。
④ エッジ（edges, 境界）海岸線、河川等地域の境界。
⑤ ランドマーク（landmarks, 目印）大きな建物、山など。

6. 岡山市平井学区・中央学区のマップ

（1）高齢者と子どものための危険箇所点検

2007年、地域貢献活動として「安全・安心マップ」の作成を開始しました。マップ作成の目的は、高齢社会でのユニバーサルデザインの整備状況や交通事故危険地点を把握、そして水の事故・交通事故等の子どもの安全・安心です。

編集は、学生・教員と一般社会人で設立した「住居デザイン研究会」が行いました。主なものは下記のとおりです。

○ 岡山市平井・東山安全安心ユニバーサルデザインによるまちづくりマップ　2006年5月

○ 城下町岡山安全安心ユニバーサルデザインによるまちづくりマップ　2008年4月

○ 城下町岡山まちの魅力発見・まちの見まもりマップ　2008年4月

（2）車いすを押して危険箇所点検

町の現状を理解することは、町を歩くことから始まります。車いすを押して、山陽学園大学のある町平井学区と、城下町岡山の中心部である岡山中央小学校区を歩きました。

図14　町の危険箇所を点検

（3）街歩きをしたくなるアイディア

交番でお会いした警察官から「我々警察官の配置は各交番に数人です。小学生の下校時に住民の方が家の前に出て立ち話でもしてもらえるだけで安全度はぐっと上がるのですが」と言われました。一方、危険地点をぎっしり記入したマップをお見せした友人からは「こんなに危ない所ばかりだと、おちおち町を歩けないなあ」とつぶやかれてしまいました。

危険箇所を掲載するマップを作っているだけでは、子どもを見守る目は増えないと気づき、マップにまち歩きをしたくなる要素を加えることにしました。

まち歩きをしたくなるための企画として、歴史と景観を取り上げました。その1つが、「『岡山』に触ったことがありますか？」という企画です（図15）。この問いかけをすると10人中9人の人がきょとんとされました。「岡山の回りに石垣を積んで土を詰め、その上に城を建てたので岡山城です」と説明すればやっと通じます。岡山城観光ボランティアの方々にも賛同いただき、県外からの観光客の方への紹介も始まりました。

もう一つの、城下町岡山を囲む山々の名前を知ってもらう企画は、リンチのランドマークという考えに添っています（図16）。

図15　岡山にさわってみよう

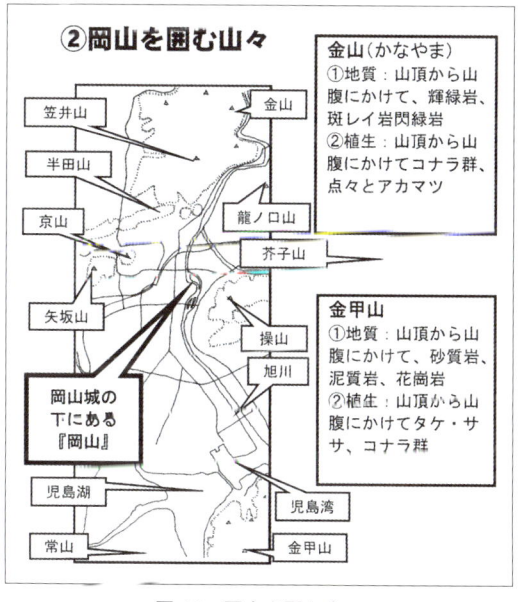

図16　岡山を囲む山々

(4) ワークショップ

　ワークショップ（workshop）とは、参加者がグループに分かれて意見を出し合い、話し合った結果をまとめて発表する体験型講座です。グループ単位で気づいたことを付箋に書いて地図に張っていきます。全員が同時に意見を書き出せ、出した意見が記録に残っているので、意見収集に効果的な方法です。控えめな人も遠慮なく意見を出してもらえます。

(5) 平井学区のパス、ノード、ランドマーク（図17）

　リンチの理論をもとに岡山市中区平井の町を図示しました。平井は県道岡山玉野線、国道2号線というパス、操山というランドマーク、旭川というエッジがはっきりしている点が長所です。一方地域内に入ると、細街路が入り組んでいて分かりにくいのが問題点です。

　過去2年間の子どもと高齢者が関連した交通事故（自動車同乗を除く）現場をマップに記入しました。危険箇所の傾向が見えてきました。

(6) 岡山中央小学区のパス・ノード・ランドマーク（図18）

　2つ目のマップの作成対象地区が岡山中央小学校区です。岡山城・後楽園・旭川に近い所は地形に特色があり分かりやすい町です。これに対し戦災復興区画整理が行われた岡山駅に向けて広がる町は碁盤の目の街区になっていて、現在位置が分からなくなることがあります。

　パス、ノード、ランドマークを入れた小マップを作りました。区別が付きにくい碁盤目状の街路であるパスには、桃太郎大通り、市役所筋等、通りと筋の愛称を入れて分かりやすくしました。

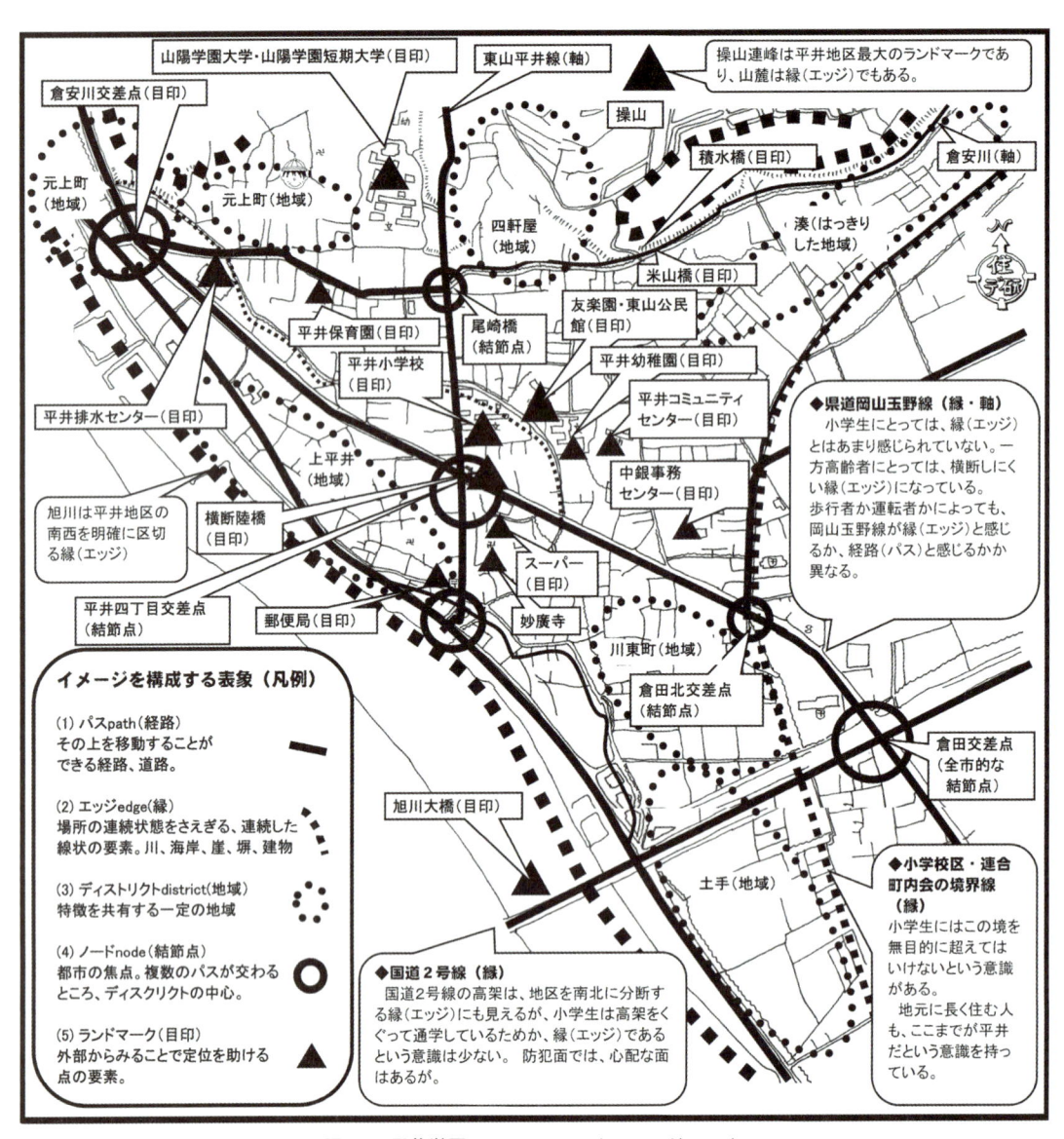

図17　平井学区のパス・ノード・ランドマーク

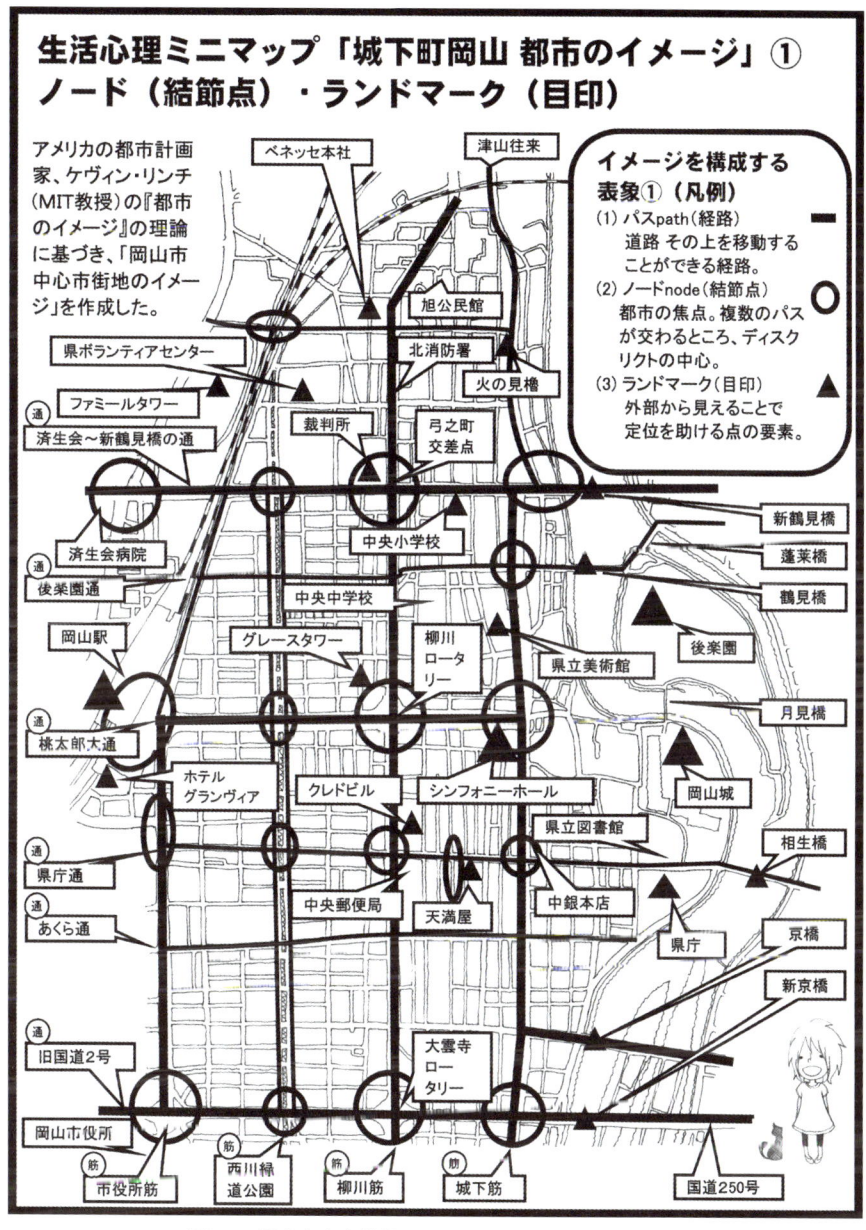

図18　岡山中央小学区のパス・ノード・ランドマーク

生活心理ミニマップ「城下町岡山 都市のイメージ」②
ディスクリクト（地区）・エッジ（縁）

ディストリクト（地区）については、地区内で聞き取り調査を実施し、その結果を整理した。

南方地区のＪＲの西側
レールにより分断されている意識は少ない。踏切を越えて行き来している。

南方地区（旧南方小学校区）
旧南方小学校区、南方連合町内会としてのまとまりを持つ。

エッジ（縁）ＪＲのレール
特に岡山駅に近い部分は地下・陸橋のためエッジが強い。

奉還町
元々奉還町としての歴史と一体感を持つ地域。南方地区ではあるがＪＲで分断されている。踏み切りが地下道や陸橋になり、分断を強めた。

旧出石小学校区
小学校の統廃合により、旧出石小学校区は岡山中央小学校区と鹿田小学校区に編入された。

イメージを構成する表象②（凡例）

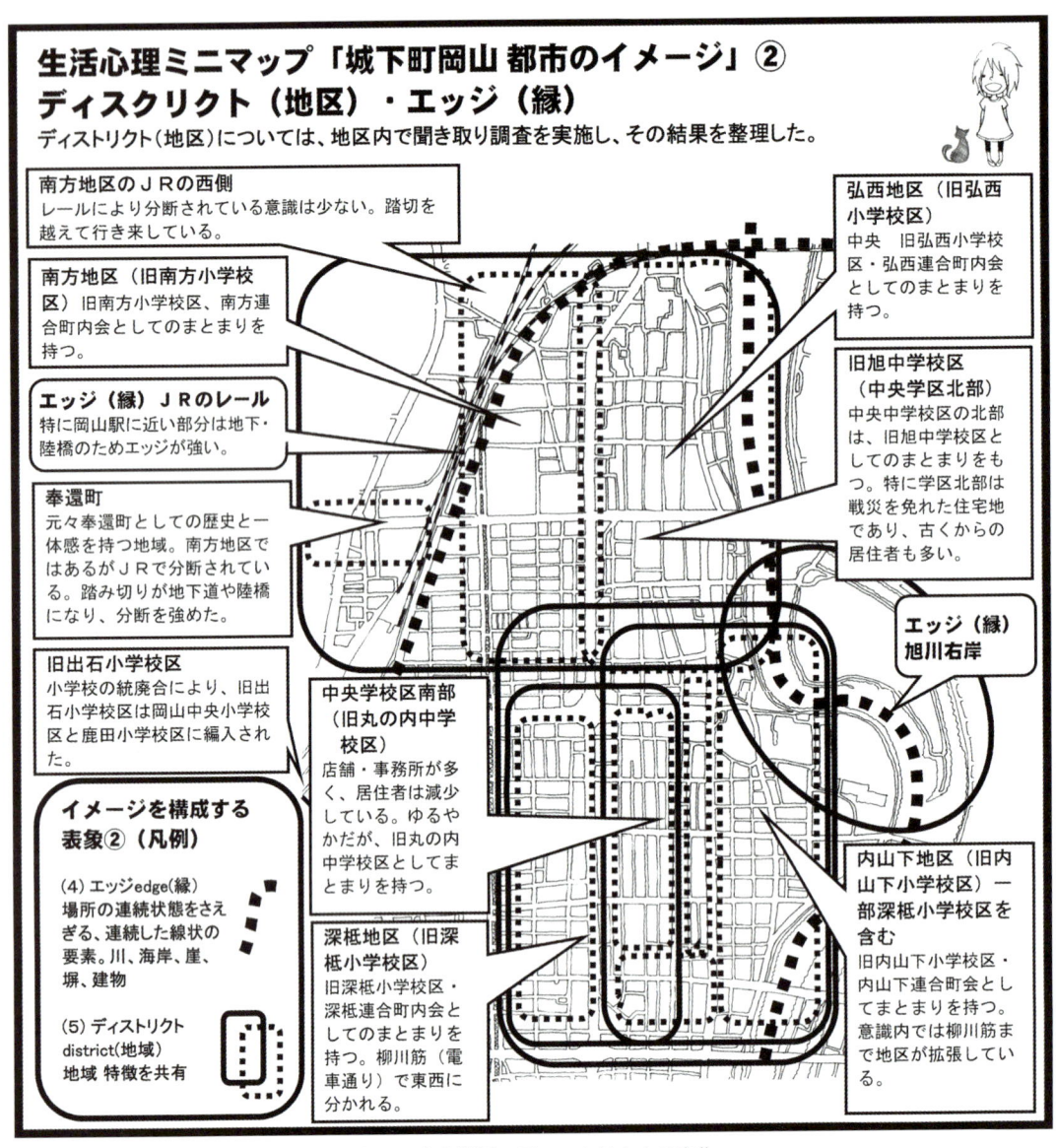

（4）エッジ edge（縁）
場所の連続状態をさえぎる、連続した線状の要素。川、海岸、崖、塀、建物

（5）ディスクリクト district（地域）
地域 特徴を共有

弘西地区（旧弘西小学校区）
中央　旧弘西小学校区・弘西連合町内会としてのまとまりを持つ。

旧旭中学校区（中央学区北部）
中央中学校区の北部は、旧旭中学校区としてのまとまりをもつ。特に学区北部は戦災を免れた住宅地であり、古くからの居住者も多い。

エッジ（縁）旭川右岸

中央学校区南部（旧丸の内中学校区）
店舗・事務所が多く、居住者は減少している。ゆるやかだが、旧丸の内中学校区としてまとまりを持つ。

内山下地区（旧内山下小学校区）一部深柢小学校区を含む
旧内山下小学校区・内山下連合町会としてまとまりを持つ。意識内では柳川筋まで地区が拡張している。

深柢地区（旧深柢小学校区）
旧深柢小学校区・深柢連合町内会としてのまとまりを持つ。柳川筋（電車通り）で東西に分かれる。

図19　中央学区のディストリクトの変化

(6) 中央学区のディストリクトの変化（図19）

次に、住民の方々が自分たちのディストリクトだと思っている範囲がどこまでかを示す小マップを作りました（図19）。岡山の中央部は、かつて4つの小学校区と2つの中学校区からなっていましたが、1999（平成11）年から2005（平成17）年にかけて、学校統合が進み1つの小学校区・中学校区になりました。町の人たちから聞き取りしながらディストリクトの図を作っていきました。目に見えないこころと町の関係ですから、聞き取りに時間がかかりました。戦前、戦後の新制中学校開校、平成の小中学校統合と、世代により思っているディストリクトが変わってきていることが分かりました。

7. 広くなった岡山市を知るマップ

(1) 都市のイメージが分かりにくくなった岡山市

岡山市全域の生活心理マップを作ろうと思ったのは、現在の岡山市民にとって自分たちの町である岡山市のイメージが分かりにくくなっているのではないかと感じたからです。

岡山市は2009（平成21）年の政令都市に向けて人口が70万人になるまで合併を繰り返しました。この結果北は吉備高原から南は瀬戸内の島まで含む面積789.91km²という広がりになってしまいました。市民意識や区民意識の醸成のために岡山市の都市のイメージを掴む必要があります。

リンチの5つの要素を示す小マップを作成しました。

(2) 岡山市のパス・ノード・ランドマーク（図20）

最初にパス、ノード、ランドマークを描き込んだ小マップを作りました。代表的なノードとしては、岡山の中心市街地では駅や主要交差点が、郊外では合併前に役場が置かれていた中心集落があげられます。ランドマークとしては、岡山平野だと金甲山・常山・金山があげられますが、市域北部の山間地域に入ると山々が連なるためランドマークを見いだしにくくなります。

(3) 岡山市のエッジ（図21）

2つ目の小マップにはエッジを記入しました。南部と北部は対照的なことが分かります。市域北部では連なる山々がエッジになっています。岡山市内の山並みの多くは南西から北東に向けて連なっていることがマップからよく分かります。

これに対し南部の岡山平野の主要なエッジは篠ヶ瀬川・旭川・百間川・吉井川・児島湖・児島湾といった川・湖・海です。

(4) 岡山市のディストリクト（図22）

3つ目の小マップにはディストリクトを記入しました。日本では一般的には小学校区がこれに相当します。都市計画には近隣住区（neighborhood unit）という、小学校区を都市の基本単位とする考えもあります。

岡山市では旧城下町であった中心市街地と市域北部や山間部において人口減による小学校区の統合が進む一方、中心市街地を取り巻く郊外市街地では小学校の分離新設が行われてきました。これに市町村合併が加わり、岡山市民の多くがどこまでをわが町わが村と思うかイメージしにくい状況になっています。

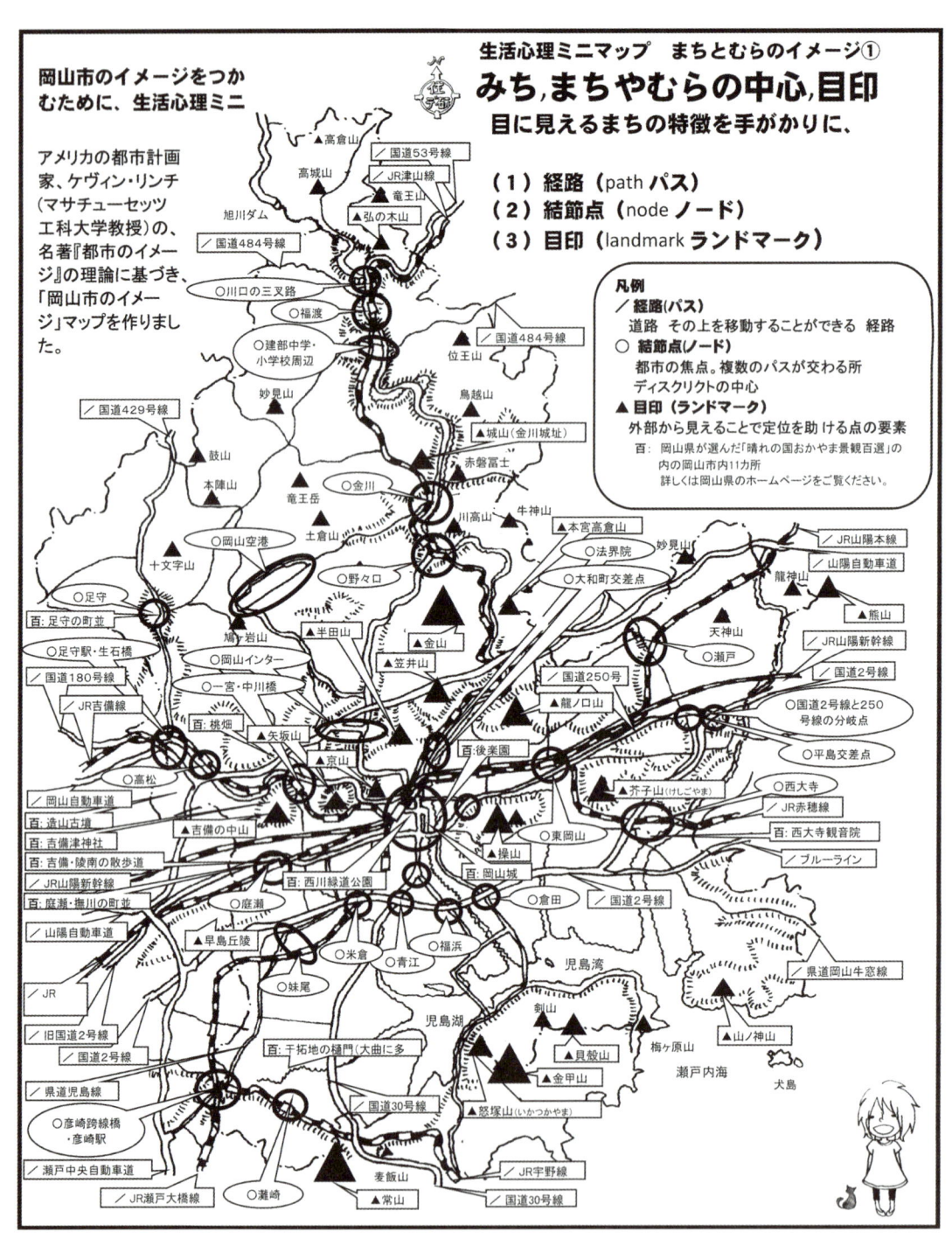

岡山市のイメージをつかむために、生活心理ミニ

アメリカの都市計画家、ケヴィン・リンチ（マサチューセッツ工科大学教授）の、名著『都市のイメージ』の理論に基づき、「岡山市のイメージ」マップを作りました。

生活心理ミニマップ　まちとむらのイメージ①
みち，まちやむらの中心，目印
目に見えるまちの特徴を手がかりに、

(1) 経路（path パス）
(2) 結節点（node ノード）
(3) 目印（landmark ランドマーク）

凡例
／経路（パス）
　道路　その上を移動することができる　経路
○　結節点（ノード）
　都市の焦点。複数のパスが交わる所
　ディスクリクトの中心
▲　目印（ランドマーク）
　外部から見えることで定位を助ける点の要素
　百：岡山県が選んだ「晴れの国おかやま景観百選」の内の岡山市内11ヵ所
　詳しくは岡山県のホームページをご覧ください。

図20　岡山市のパス・ノード・ランドマーク

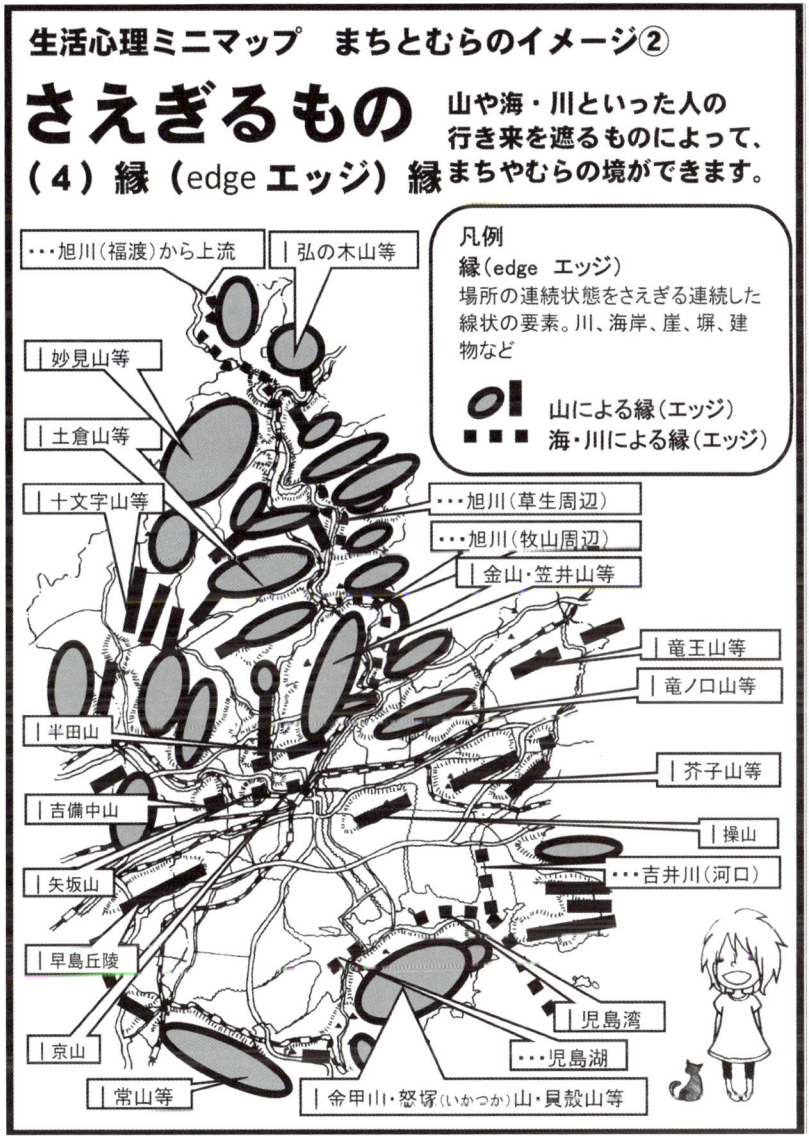

こころと環境 ― 室内環境から町のイメージ・都市景観まで ―

生活心理ミニマップ　まちとむらのイメージ②

さえぎるもの

（4）縁（edge エッジ）　山や海・川といった人の行き来を遮るものによって、まちやむらの境ができます。

凡例
縁（edge エッジ）
場所の連続状態をさえぎる連続した線状の要素。川、海岸、崖、塀、建物など

○ 山による縁（エッジ）
■■■ 海・川による縁（エッジ）

ラベル:
- ・・・旭川（福渡）から上流
- ｜弘の木山等
- ｜妙見山等
- ｜土倉山等
- ｜十文字山等
- ・・・旭川（草生周辺）
- ・・・旭川（牧山周辺）
- ｜金山・笠井山等
- ｜竜王山等
- ｜竜ノ口山等
- ｜芥子山等
- ｜半田山
- ｜操山
- ｜吉備中山
- ・・・吉井川（河口）
- ｜矢坂山
- ｜早島丘陵
- ｜児島湾
- ｜京山
- ・・・児島湖
- ｜常山等
- ｜金甲山・怒塚（いかつか）山・貝殻山等

図21　岡山市のエッジ

生活心理ミニマップ　まちとむらのイメージ③

わがまち！わがむら！と、思う基本単位は小学校区

（5）地域（district ディストリクト）
地域特性を共有する一定の地域

岡山市域のディストリクトを考えるにあたって、小学校区に注目しました。

◆ 大半の地域で、小学校区を単位にして連合町内会、安全安心ネットワーク等の住民組織が作られ活動しています。
◆ 郊外や農村地域の小学校区の多くは昔の村にあたります。
◆ 計画的に整備された、市街地や郊外住宅地は小学校区を単位にする近隣住区（neighbourhood unit）の考えで計画されています。

凡例
地域（ディストリクト）
　地域特徴を共有する一定の地域
　　　　　小学校区
　　　　　中学校区

旧建部町は2007（平成19）年岡山市に合併した。最初の建部町は、建部、上建部、竹枝の村が合併してできた。これに旧福渡町が合併して旧建部町ができた。福渡は美作の国。建部は備前の国で池田家の陣屋があった。40年にわたる建部町時代に、町民としての一体感は作られてきた。

旧御津町は、2005（平成17）年岡山市に合併した。旧御津町は、金川町と、牧山、宇垣、宇甘東、宇甘西、五城、葛城の村が合併してできた。旭川東岸の五城、葛城地区は旧赤磐郡であり、赤磐市との交流もある。

足守は、江戸時代、木下家の陣屋町。旧足守町は、足守町と、福谷、大井、日近、岩田の村が合併してできた。

旧津高町は、野谷、馬屋上の村が合併し、横井村が加わってできた。

旧瀬戸町は、2007（平成19）年岡山市に合併した。旧瀬戸町は、江西学区と千種（ちぐさ）学区からなる。市街地は、瀬戸駅前を中心とする江西学区と、千種小学校を中心とする万富地区に分かれる。

旧上道（じょうとう）町は平島、御休（みやす）、角山（つのやま）、が合併し浮田村が加わった。

旧高松町は、高松町と、生石、加茂村が合併してでき、真金町が加わった。

旧西大寺市は、1969（昭和44）年岡山市に合併した。旧西大寺市は、吉井川西岸の西大寺町と、古都、可知、光政、津田、九ばん（虫偏に番）、金田、雄神の村と、吉井川東岸の豊、太伯、幸島、朝日、大宮の村と長沼村の合併・編入によりできた。

旧一宮町は、一宮、平津、馬屋下の村が合併してできた。

旧吉備町は、庭瀬町と撫川（なつかわ）町が合併してできた。

1954（昭和29）年時点の旧岡山市は、戦後、牧石、大野、今、芳明、白石、甲浦、三幡、沖田、操陽、富山、牧山、高島、幡多、財田（さいでん）、操明、小串の村等を合併してできた。その後1969（昭和44）年の西大寺市合併までの15年間は合併は無かった。

旧福田村の名前は、合併した大福村と山田村から、一字ずつ取って名付けられた。

旧妹尾町は、妹尾町と箕島（みしま）村が合併してできた。

旧興除村は東興除村と西興除村が合併してできた。

旧藤田村は明治の干拓によりできた村である。

旧灘崎町は、2005（平成17）年岡山市に合併した。旧灘崎町は、灘村と彦崎村の一部に干拓地が編入されてできた。学区は、彦崎、灘崎、迫川（はざかわ）、七区である。

参考資料：岡山県大百科事典　山陽新聞社編

図22　岡山市のディストリクト

8. マップの配布と活用

(1) 小学校・幼稚園・交番等へマップを配布

完成したマップは、小学校・幼稚園・保育園の児童・園児に1人1枚ずつ配布しました。交番・公民館・老人ホーム等にも持っていきました。手応えを感じたのは、マップを交番に持参すると、1年前にお渡ししたマップが交番内の壁に貼ってあった時です。

(2) 住民の方々への説明と展示

マップづくりは作って配布しただけでは道半ばです。地域の方々への説明が重要です。公民館や市の施設を借りて、「マップができるまでの展」をしました。どのようにしてマップを作っていくのか、その経過を地域の方々にお見せすることにより、マップに関心を持ってもらう活動です。

(3) マップづくりで、こころと環境の可視化

以上、平井学区、岡山中央小学校区、岡山市全域のマップづくりを紹介しました。このマップづくりを通じて、目で見ることのできないこころと環境の関係を可視化でき、合わせて教材の開発ができました。リンチの認知地図が保持するであろう3つの情報、Identity（そのものであること）Structure（構造）、Meaning（意味）についても具体的な把握が進みました。

9. 心の視点から環境を守る

(1) 割れ窓理論

こころと環境、特に町の安全に関連する理論の一つにウイルソン，J.（James Q.Wilson）とケリング，G.（George L.Kelling）が1982年提唱した「割れ窓理論」（Broken Windows Theory）があります。窓が割られたのを放置していると、誰もがその場所に注意を払っていないと思われ、次々に窓ガラスが割られて治安が悪くなるという環境犯罪学の理論です。逆に言うと、ガラスが割られたり落書きされたりゴミが捨てられたら、すぐに対策を打つことが、地域の治安を高め犯罪を防ぐ効果があるという考えです。

(2) 落書き消し

実際に地域社会で行った具体例を紹介します。

生活心理学科の学生の「大学の周囲の街の落書きを消したい」との声が学区役員の方々に届き、2010（平成22）年1月に落書き消し活動が実現しました（図23）。

図23 落書き消し

平井学区の方々に落書き消しの準備と指導をしていただきました。ローラーと刷毛を握って夢中の1時間、倉庫や自動販売機の落書きを塗りつぶすことができました。

落書問題を知ったことは、学生にとって日頃無意識に通り過ぎていた環境への気づきです。地域の人たちにとっては、自分たちのまちの問題に学

生たちが具体的行動をしたいと言ったことは嬉しかったのでしょう。環境の改善という点でこころが通じ合ったのです。

(3) ゴミの投げ捨て調査とゴミ回収

ゴミやたばこのポイ捨ては全国的に問題になっています。1996（平成8）年に玉野市が防止条例を施行し、岡山市も2007（平成19）年に「美しいまちづくり、快適なまちづくり条例」を施行しました。

2011（平成23）年から学生たちと大学の前を流れる倉安川のゴミ調査・回収を続けています。倉安川は江戸時代の1679（延宝7）年に、城下町岡山を流れる旭川と、吉井川の港町西大寺を結ぶ用水・運河として作られた産業遺産です。この倉安川にゴミのポイ捨てが目立つので"生活心理学科流"のゴミの投げ捨て調査・回収をしました。手作りの網を付けた竿竹が出動、深い水面のゴミをすくい上げます。

ゴミの分布を地図に記入し、分別して数をカウントしました（図24）。ゴミの投げ捨てには以下のようなパターンがあります。①堂々と捨てる。②見えにくいところに押し込む。③置き忘れたふりをする。④本当に置き忘れた。

②と③のパターンにはゴミを捨てる心理的ためらいが現れています。

図24　ゴミの分類とカウント

(4) マップづくりで犯罪危険箇所を知る

地域の犯罪を防ぐ方法の一つとして、小宮信夫（立正大学教授）が犯罪機会論に基づいて提唱している活動「地域安全マップ」作りがあります。犯罪機会論とは、道路や建物の設計や、住民の団結心や警戒心の改善により、犯罪に都合の悪い状況を作り出す方法です。

「地域安全マップ」作りは、町を点検・診断し、犯罪が起こりやすい場所を発見してマップを作成していく活動です。この活動はマップを作ることが目的ではなく、活動を通じて子どもや保護者が犯罪が起こりやすい場所を見分けることができるようになることが目的です（図25）。本学も2012（平成24）年の公開講座で実施しました。

図25　入りやすく見えない所かどうか

班長・福班長・地図係・写真係・インタビュー係を決め、グループで実際に町を歩き、点検・診断をします。各班にはアドバイザーが付きます。犯罪が起こりやすい場所を発見するキーワードは「入りやすい場所」「見えにくい場所」です。

教室に帰って、班単位でマップづくりをします。なぜその場所がなぜ危険なのか、理由を具体的に書き込むことが有効なマップを作る秘訣です。最後に発表です。発表により他の班の優れた視点や歩いた所の状況を知り、危険箇所の認識が深まります。

(5) 子どもワークショップで地域安全マップを

2011（平成23）年と2012（平成24）年の2回、大学コンソーシアム岡山主催の「日ようび子ども大学」で、子どもと保護者対象の生活心理マップを使ったワークショップを行いました。以下の順でワークショップを進めました。

① マップを渡し自分の家と小学校・幼稚園・保育園に丸を付ける。
② パスである通学路で結びます。ランドマークの山や川を色塗りすることにより住んでいる地域の地理を把握する。
③ 学生たちが描いたイラストで犯罪危険箇所を示す「気をつけようシール」を貼っていく（図26）。

図26　気をつけようシール

子ども達が張ったシールは市街地では交通事故・水の事故・不審者のシール、山間部では交通事故に加えてマムシやハチ注意のシールが多くなりました。マップに地域の特性が浮かび上がってきます。このワークショップにより、工夫次第で子どもたちがマップに関心を持ってもらえることを確認しました。

10. 地震・津波・洪水からの避難

(1) 避難路の安全確認

環境が人間に牙をむくのは災害の時です。こころと環境を考える上で最も厳しい状況です。私たち人間にできることは日頃の準備、そして環境の変動を推測しながら平常心で協力して行動することです。

東日本大震災の前日の2011（平成23）年3月10日、平井学区と山陽学園大学の間で体育館を避難施設にする提携が結ばれました。締結が行われた理由は、平井学区の役員の方が岡山市のウォーター・ハザードマップ（water hazard map）を見ていて、避難施設に指定されている平井小学校体育館が学区内でも低地にあり、浸水の危険性が高いことに気付かれたからです。

2011（平成23）年5月に学生と地域の方々で、津波・洪水・高潮発生時の平井小学校から本学体育館までのモデル避難路の安全点検をしました。点検したのは以下の3ルートです。どれにも一長一短があるため、より詳細な比較が必要ということになりました。

① 住民がよく知っているバス通り
② 自動車交通の無い用水沿いの歩行者専用道
③ 車いすで避難するのに適した田んぼの中の道

(2) 災害図上演習（DIG）

この避難施設提携と東日本大震災を契機に、2011（平成23）年には平井学区の公民館において、さらに2012（平成24）年には本学公開講で災害図上演習（DIG）が実施されました（図27）。

DIGとは、Disaster（災害）、Imagination（想像力）、Game（ゲーム）の頭文字を取って名付けられた図上災害避難訓練です。テーブルに大き

図27　災害図上訓練で避難路を検討

く地図を広げ、透明シートを重ねながら下記のような事項をマーカーで記入していきます。災害と避難について地図の上で理解していくことができます。

① 自然条件（山、河川、昔の地形）
② 町の構造（主要道路、狭隘道路、広場、焼け止まり線）
③ 防災資源（官公署、学校、医療機関、社会福祉施設、避難施設、ブロック塀、危険物、防災リーダー、災害時要援護者）

（3）地震・津波・洪水からの避難マップ

2012（平成24）年度、平井学区安全安心ネットワークとして、地震・津波・洪水からの避難マップを作成することになりました。マップの編集を本学の生活心理学科住居学研究室が担当することになりました。前項で説明した災害図上演習（DIG）で集めた地域住民の方々の考えを整理し、避難施設、避難路候補、海抜、主な公園広場を記入したマップを作成しました（図28）。

避難路候補は、小学校の通学路を基本に、災害時の迂回路を加えて設定しました。リンチのパス、ノードの考えをベースにしています。避難施設がどの方向にあるかを確認するためにはランドマー

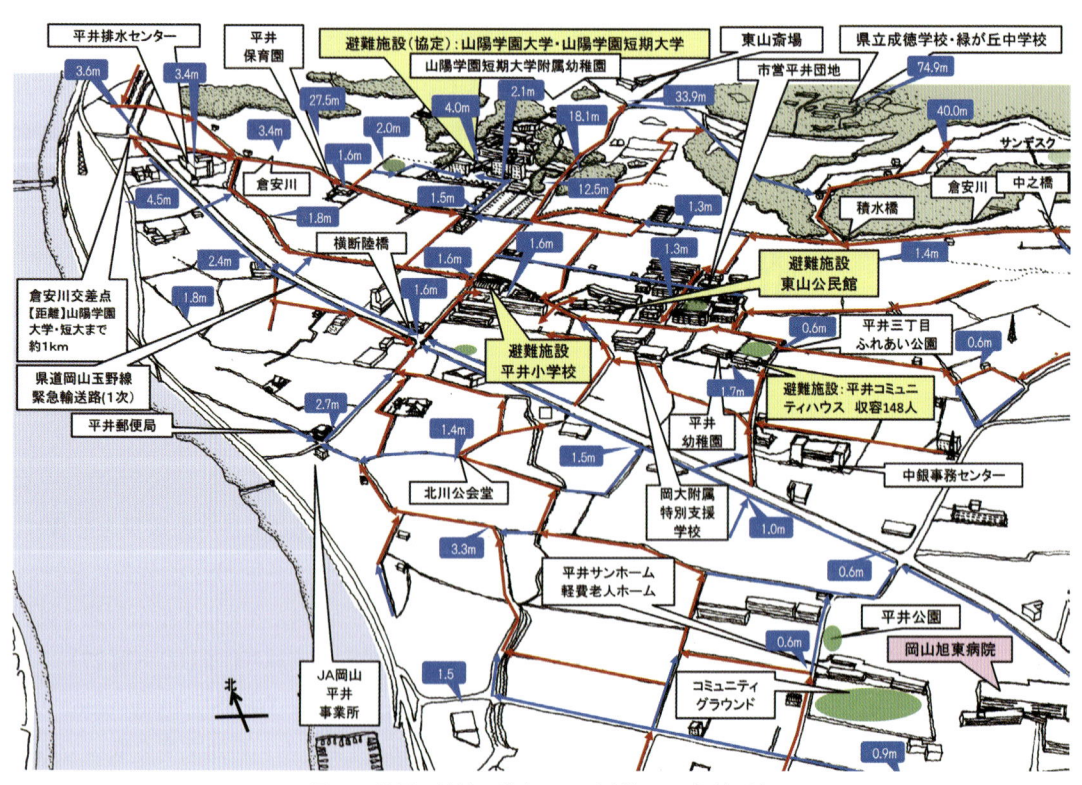

図28　地震・津波・洪水からの避難マップ（部分）

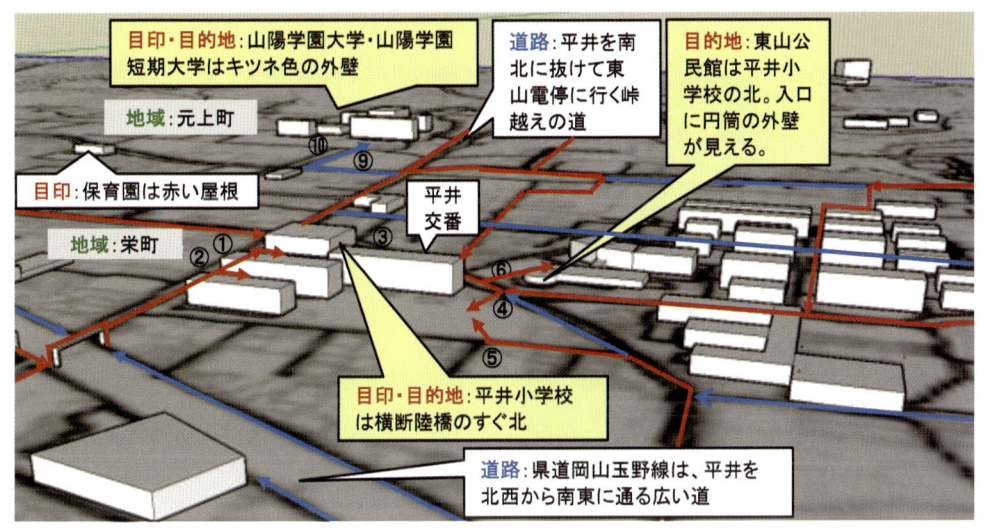

図29 避難マップの垂直方向避難に対応した部分

クが有効です。平井学区では、操山や旭川大橋がランドマークになります。エッジは旭川であり、津波の遡上や洪水時の堤防の決壊が想定されます。

(4) 垂直方向避難

津波・洪水からの避難には、高い所に避難するという垂直方向避難を考えておかなければいけません。そのためにマップは鳥瞰図スケッチと3Dグラフィックで立体的に表現しました（図29）。

(5) マップの配布・説明・学校の授業の教材に

どのマップも作成・配布だけでは効果が限られます。地元の方々への説明会、小学校・幼稚園・保育園への説明、学校の授業で教材として使用、PTAでの説明を行うことで当初の目的を果すことができました。

11. 都市景観

(1) 駅前の町並景観の定点調査

こころと環境の事例の最後として、駅前広場の景観調査について紹介します。都市景観は、建築物・広場・植栽・看板・工作物からなっています。この都市景観がその町を訪れる人の目にどう映るか、各都市間の比較、そしてその都市景観の時間的な移り変わりを調べて記録整理をしています。

具体的には福岡県博多駅から東京都内のターミナルまでの主要駅について、最も主要な改札から駅前広場に面する所に出た地点からその町がどのように見えるかを定点撮影しています。

(2) 駅ビル・モノレールと昔ながらの街区：小倉

西のスタート地点、博多駅前の整然と整備された景観に比較して、動的な魅力を持つのが北九州市小倉駅前です（図30）。市街地再開発事業、ペディストリアンデッキ新設、駅ビルの高層化、そして駅ビルの中層開口部へのモノレール乗り入れと、これだけ変動した駅前もあまりありません。しかし駅前広場の西側には立飲み屋街が残る昔ながらの町が残っています。日本の都市計画の不徹底な面と、新旧織り混ざった多様な魅力の両面を示しています。

図30　再開発で大きく変化（小倉）

（3）駅が直接海峡に面する　尾道

博多駅から東京までの鉄道が海岸沿いを走る区間は案外少ないのです。これは路線決定に艦砲射撃を避けるという旧陸軍の意向が強く働いたからです。鉄道が海岸線を走る主な区間は、徳山（山口県）－三原（広島県）、明石－須磨（兵庫県）、そして熱海（静岡県）－小田原（神奈川県）です。

さらにJRの主要駅で海に直接面している駅は少ないのです。その珍しい街が尾道です（図31）。24年前まで駅前と海を隔てていた古い船乗り場が撤去され、新たなポートターミナルビルが駅正面を外して建てられたことにより、見事に駅と海が直結しました。都市計画の英断です。尾道の海と街と山が織りなす魅力的景観がさらに向上しました。

（4）城がランドマーク　姫路・彦根

姫路駅北口の大手前通り正面に立ち目をこらすと、遠く正面に国宝であり世界遺産の姫路城が見えます（図32）。肉眼では小さく見えますがスケールの大きさは十分感じられます。日本を代表するランドマークとなっている好例です。

図32　ランドマークは世界遺産（姫路）

彦根駅（滋賀県）も駅前からの通りの正面に重要文化財の彦根城が見えます。両都市とも城を中心に置いた都市計画・都市景観計画が行われています。

（5）駅舎内から富士が見える　清水

静岡県に入ると、景観において大きな存在感を見せているのが富士山です。2003（平成15）年に橋上化された清水駅の改札を出た正面のコンコースは、北壁面が全面ガラスで天井高も高く、駅舎内から清水港を近景に富士山を遠望することができます（図33）。清水は合併により静岡市の1つの区になりましたが、江戸時代以来の町の個性はしっかりと継承しています。

図31　海峡に面する駅前広場（尾道）

図33　清水駅舎内から富士を望む（清水）

(6) 町並みと映像の混在化・一体化　渋谷

　渋谷駅ハチ公口の駅前の町並みには、複数台の街頭テレビが設置され刺激的な映像を流しています。中でも特に1999（平成11）年に映画館から建て替えられた商業ビルは、建築外壁のカーテンウオールの内側に街頭テレビが組み込まれ、光り動く建築と化しています（図34）。渋谷駅ハチ公口前は、刺激のある景観としては日本でトップクラスです。刺激もここまで徹底すると個性になります。

　急激に変動する渋谷の市街地ですが、その個性を根底からを支えているものは、市街化により潜在化している渋谷本来の地形や歴史の力だと考えられます。その代表的なものが道玄坂、宮益坂、渋谷川、そして渋谷城跡・金王八幡宮です。

○まちの個性・魅力発見

　今回紹介したようなはっきりした個性を持つ街でなくても、先人がその地に街を作ろうと決めた限りは、そこに個性や魅力があったからに違いありません。現在は埋もれていてもその町ならではの個性や魅力があるはずです。自分たちが今住む町の個性を発見してみてください。駅前景観の写真は2007（平成19）年撮影です。

12. まとめ

　本章では「こころと環境」について、現在までの研究の動向の概略を説明し、次に身体に近い環境から順次身体から離れた環境へと視野を拡大しながら事例を軸に説明を行いました。倉敷という個性のはっきりした町、郊外住宅地の典型である平井学区、市域が広がりすぎて都市としてのイメージを把握しにくくなった岡山市、そして九州から東京までの主要都市の駅前景観といった事例です。「こころと環境」に対して今までなかった気づきがあれば幸いです。

図34　建築と映像が一体化（渋谷）

引用文献

マズロー, A.H. 著／小口忠彦訳『人間性の心理学』産業能率大学出版部、1987

ホール, E. 著／日高敏隆・佐藤信行訳『かくれた次元』みすず書房、1980

リンチ, K. 著／丹下健三・富田玲子訳『都市のイメージ』岩波書店、2007

参考文献

アレグザンダー，C 著／平田翰那訳『パタン・ランゲージ』鹿島出版会、1978

日本建築学会編／乾正雄・長田泰君・渡辺仁史・穐山貞登著『建築学大系11 環境心理』彰国社、1982

槇究著『環境心理学』春風社、2004

ギフォード，R 著／羽生和紀・槇究・村松陸雄訳『環境心理学』北大路書房、2005

広井良典著『コミュニティを問いなおす』ちくま新書、2009

中野民雄著『ワークショップ』岩波書店、2001

内橋克人編『大地震の中で』岩波書店、2011

梶秀樹・塚越功著『都市防災工学』学芸出版、2007

小宮信夫著『犯罪は「この場所」で起こる』光文社、2005

（財）住宅生産振興団編『家とまちなみ 64』2011

執筆者プロフィール

澁谷　俊彦（しぶや　としひこ）

現　　職：山陽学園大学総合人間学部生活心理学科教授

最終学歴：神戸大学大学院工学研究科建築学専攻修了

学　　位：工学修士

専門分野：建築歴史・デザイン教育

主　　著：西村幸夫監修『別冊太陽　日本の町並みⅡ』（共著）平凡社、2003
社団法人日本建築学会編『景観法と景観まちづくり』（共著）学芸出版、2005
中国地方総合研究センター編『中国地域のよみがえる建築遺産』（共著）中国地方総合研究センター、2013

■監修者紹介

赤木　忠厚（あかぎ　ただあつ）

山陽学園大学前学長。現在、岡山医療技術専門学校校長・インターナショナル岡山歯科衛生専門学校校長。
最終学歴：岡山大学大学院医学研究科修了
学　　位：医学博士
専門分野：医学（病理学）
職　　歴：岡山大学医学部助手（病理学第二講座）、高知県立中央病院がん研究所所長、高知医科大学教授（病理学第二講座）、岡山大学医学部教授（病理学第二講座）、岡山大学大学院医歯学総合研究科教授（病理病態学）、岡山大学医学部長、公立学校共済中国中央病院病院長
主　　著：赤木忠厚、牛込新一郎、森脇昭介編『腫瘍病理アトラス ― 境界病変と鑑別診断 ―』医歯薬出版、1997
　　　　　赤木忠厚監修、松原修、真鍋敏明、吉野正編『病理組織の見方と鑑別診断　第5版』医歯薬出版、2007

生活心理学への誘い

2013年9月20日　初版第1刷発行

■監　修　者——赤木忠厚
■編　　　者——山陽学園大学総合人間学部生活心理学科
■発　行　者——佐藤　守
■発　行　所——株式会社 大学教育出版
　　　　　　　〒700-0953　岡山市南区西市855-4
　　　　　　　電話(086)244-1268(代)　FAX(086)246-0294
■印刷製本——サンコー印刷㈱
■Ｄ　Ｔ　Ｐ——北村雅子

© Tadaatsu Akagi 2013, Printed in Japan
検印省略　　落丁・乱丁本はお取り替えいたします。
本書のコピー・スキャン・デジタル化等の無断複製は著作権法上での例外を除き禁じられています。本書を代行業者等の第三者に依頼してスキャンやデジタル化することは、たとえ個人や家庭内での利用でも著作権法違反です。

ISBN978-4-86429-222-1